Ab 13 Jahren

Jochen Vatter

Tote Mädchen lügen nicht

LITERATURSEITEN

- **Textverständnis und Lesekompetenz**

- **Rechtschreib- und Konzentrationsübungen**

- **Fantasie & Kreativität**

Lernen mit Erfolg

KOHL VERLAG

www.kohlverlag.de

Literaturseiten zu **Tote Mädchen lügen nicht**

Zitate aus:
Jay Asher, Tote Mädchen lügen nicht • ISBN: 978-3-57030-843-1
© 2009, Verlagsgruppe Random House GmbH, München

10. Auflage 2024

© Kohl-Verlag, Kerpen 2016
Alle Rechte vorbehalten.

<u>Inhalt</u>: Jochen Vatter
<u>Redaktion</u>: Kohl-Verlag
<u>Grafik & Satz</u>: Eva-Maria Noack & Kohl-Verlag
<u>Druck</u>: farbo prepress GmbH, Köln

Bestell-Nr. 14 197

ISBN: 978-3-95686-449-0

Bildquellen:

Seite 7: © michaklootwijk - fotolia.com; Seite 8: © designer_an - fotolia.com; Seite 9: © Syda Productions - fotolia.com; Seite 11: © zarian - fotolia.com; Seite 12: © clipart.com, © Syda Productions - fotolia.com; Seite 13: © atScene - fotolia.com; Seite 19: © Sergey Toropov - fotolia.com; Seite 20: © masterzphotofo - fotolia.com; Seite 22: © Marie-Therese GUIHAL - fotolia.com; Seite 24: © semnov - fotolia.com; Seite 25: © laboko & atScene - fotolia.com; Seite 26: © puhhha - fotolia.com; Seite 27: © mysontuna - fotolia.com; Seite 29: © clipart.com, © Photographee.eu - fotolia.com; Seite 30: © eveleen007 - fotolia.com; Seite 31: © determined - fotolia.com; Seite 33: © eveleen007 - fotolia.com; Seite 35: © Antonioguillem & kaktus2536 - fotolia.com; Seite 36: © Syda Productions - fotolia.com; Seite 37: © vadymvdrobot - fotolia.com; Seite 38: © eveleen007 - fotolia.com; Seite 39: © Nelos - fotolia.com; Seite 41: © clipart.com; Seite 42: © Antonioguillem - fotolia.com; Seite 43: © Thomas Jansa - fotolia.com; Seite 44: © Antonioguillem - fotolia.com; Seite 46: © Photographee.eu - fotolia.com; Seite 47: © clipart.com, © katerina_dav - fotolia.com; Seite 48: © Jeanette Dietl - fotolia.com; Seite 50: © Sergey Toropov - fotolia.com; Seite 51: © indomercy - fotolia.com; Seite 52: © Marie-Therese GUIHAL & semnov - fotolia.com; Seite 54: © clipart.com; Seite 55: © Trueffelpix - fotolia.com; Seite 57: © Jonathan Stutz - fotolia.com; Seite 58: © Mita Stock Images - fotolia.com; Seite 60: © iuneWind - fotolia.com; Seite 61: © clipart.com, © eveleen007 - fotolia.com; Seite 63: © picsfive - fotolia.com; Seite 66: © masterzphotofo, Nelos & semnov - fotolia.com; Seite 68: © svort & Syda Productions - fotolia.com; Seite 77: © AngelaStolle - fotolia.com; Seite 78: © JPS - fotolia.com; Seite 80: © fotolia.com; auf allen Seiten (Herz): Syda Productions - fotolia.com

Unsere Lizenzmodelle

Der vorliegende Band ist eine Print-<u>Einzellizenz</u>

Sie wollen unsere Kopiervorlagen auch digital nutzen? Kein Problem – fast das gesamte KOHL-Sortiment ist auch sofort als PDF-Download erhält-lich! Wir haben verschiedene Lizenzmodelle zur Auswahl:

	Print-Version	PDF-Einzellizenz	PDF-Schullizenz	Kombipaket Print & PDF-Einzellizenz	Kombipaket Print & PDF-Schullizenz
Unbefristete Nutzung der Materialien	X	X	X	X	X
Vervielfältigung, Weitergabe und Einsatz der Materialien im eigenen Unterricht	X	X	X	X	X
Nutzung der Materialien durch alle Lehrkräfte des Kollegiums an der lizensierten Schule			X		X
Einstellen des Materials im Intranet oder Schulserver der Institution			X		X

Die erweiterten Lizenzmodelle zu diesem Titel sind jederzeit im Online-Shop unter www.kohlverlag.de erhältlich.

Inhaltsverzeichnis

* Die Seitenangaben beziehen sich auf die aktuelle Taschenbuchausgabe aus dem cbt-Verlag, ISBN-Nr. 978 -3-570-30843-1.

Literaturseiten „Tote Mädchen lügen nicht" – Bestell-Nr. 14 197

Inhaltsverzeichnis

* *Die Seitenangaben beziehen sich auf die aktuelle Taschenbuchausgabe aus dem cbt-Verlag, ISBN-Nr. 978-3-570-30843-1.*

Bedeutung der Symbole:

 Einzelarbeit
EA

 Partnerarbeit
PA

 Schreibe ins Heft/ in deinen Ordner

 Arbeiten mit der ganzen Gruppe

 Arbeiten in kleinen Gruppen

Bestell-Nr. 14 197

Literaturseiten „Tote Mädchen lügen nicht" – KOHL VERLAG

Liebe Leserinnen und Leser,

das Buch von Jay Asher über Hannah Baker ist faszinierender Teil einer aktuellen modernen Jugendliteratur, die sich mit Problemen in der Welt unserer Jugendlichen beschäftigt.

Hannah ist die Protagonistin, der übel mitgespielt wird, die sich mit Problemen konfrontiert sieht, die sie immer weiter in einen Strudel der Enttäuschung, Verzweiflung, des Verzagens und der Aufgabe ziehen. Aber ihre Geschichte ist auch ein Fingerzeig, wie Menschen im Miteinander, in Hoffnung und Hilfe Schlimmes vermeiden können.

Eine Geschichte mit vielen Emotionen, Beziehungen und Entscheidungen, wie sie ähnlich viele – oder die meisten Jugendlichen – erleben. Eine Geschichte, an deren Ende ich persönlich ganz stark das Prinzip Hoffnung angesiedelt sehen möchte. Denn sie ist eine Möglichkeit, unserer Jugend Hilfestellung zu geben.

Die Literaturseiten sind nicht dazu da das Buch inhaltlich zu zerpflücken oder Seite für Seite aufzuarbeiten. Vielmehr sind die Arbeitsaufträge und Materialien Angebote zur didaktischen Aufbereitung. Deshalb müssen sie auch nicht unbedingt alle angeboten werden. Manchmal kann ein Kapitel oder Kapitelteil auch durch sich selbst beim Leser etwas bewirken.

So muss auch einmal reines Leseerlebnis ohne Kommentar erlaubt sein – auch wenn das Buch im Unterricht Gegenstand ist.

Einen Elternbrief zur Aufarbeitung der Lektüre finden Sie auf Seite 78.

Anmerkung: Wenn in diesen Literaturseiten zwischen Präsens und Präteritum gewechselt wird, so ist dies durchaus gewollt und beabsichtigt.

Ihnen und Ihren Schülern* wünsche ich mit
„Tote Mädchen lügen nicht" das große Leseerlebnis,
wie ich es auch hatte,

Ihr *Jochen Vatter*

in Zusammenarbeit mit dem Kohl Verlag.

Literaturseiten „Tote Mädchen lügen nicht" – Bestell-Nr. 14 197

KOHL VERLAG

Mit den Schülern bzw. Lehrern sind im ganzen Heft selbstverständlich auch die Schülerinnen und Lehrerinnen gemeint!

Das Paket (ohne Kapitelüberschrift im Buch)   *(S. 5 bis 7)**
Clay Jensen bringt ein Paket auf die Post, das er gestern erhalten hatte. Absenderin war seine Mitschülerin Hannah Baker, die es mit sieben von ihr besprochenen Kassetten be- stückt hatte. Dabei lag eine Liste mit Namen von Personen, die alle nacheinander dieses Paket erhalten sollten. Sie alle sollten irgendwie an Hannahs Selbstmord mitschuldig sein. Spätestens übermorgen also wird Jenny, die nächste auf der Liste, das Paket er- halten.
Clay hat die Kassetten angehört und hat verstanden: Auch er soll mitschuldig sein an Hannahs Tod. Verwirrt und dem Zusammenbruch nahe macht er sich auf den Weg zur Schule, hinein ins Klassenzimmer, wo Hannahs leerer Stuhl steht.

Gestern – Eine Stunde nach Schulschluss   *(S. 9 bis 10)*
Als Clay von der Schule nach Hause kommt, lehnt ein an ihn adressiertes Paket an der Haustüre. Es enthält sieben Musikkassetten, von denen dreizehn Seiten mit einer Zahl beschriftet sind. Etwas verwirrt sucht Clay nach einem Abspielgerät, in das er die erste Kassette einlegt.

Kassette 1: Seite A   *(S. 11 bis 39)*
Hannah hat sich das Leben genommen. Sie erzählt auf ihren Kassetten, die sie vor ih- rem Selbstmord aufgenommen hatte, aus ihrem Leben und warum jeder der Personen auf ihrer Adressenliste mit ihrem Ableben zu tun hat.
Jeder Empfänger des Pakets muss es nach dem Anhören weiterleiten. Sonst, so droht Hannah, werden weitere Kassetten auftauchen und in der Öffentlichkeit für Aufsehen sorgen. Auf diese Weise zwingt sie die Empfänger zum Weiterreichen der Bänder.
Clay glaubt an ein Versehen, an einen Spaß, den sich jemand mit ihm erlaubt. Er kann ja gar nicht zu dem Empfängerkreis gehören, denn er hatte nie Gelegenheit Hannah richtig näherzukommen. Aber er steht doch auf ihrer Liste, denn sie hat vor ihrem Tod jedem darauf einen Stadtplan zukommen lassen. Das Mädchen hat ihn also als Mitverantwort- lichen ausgewählt.
Die erste Seite der Ansprache richtet sich aber an Justin Foley, einen Schüler der Ab- schlussklasse, dem sie ihren ersten Kuss schenkte. Mit ihm beginnt ihre Geschichte, die Geschichte des Hintergangenwerdens, dessen sich die meisten wohl nicht einmal bewusst sind.
Erst nach längerer Zeit verliebt sich Hannah in Justin, den Freund ihrer besten Freundin nach deren Wegzug. Aber erst nach Wochen gab sie ihm ihre Telefonnummer, obwohl sie nichts mehr wollte als einen Kuss von einem Jungen, der sie mochte und den sie mochte. Ein Kuss, von dem sie schon oft geträumt hatte, zu dem es aber nie gekommen war, weil sie vorher immer aufgewacht ist.
Aber dann wurde der Traum im Park wahr. Aber außer einem Kuss ist nichts weiter pas- siert. Und: Er schmeckte nach Hotdogs mit Chilisauce.
In der Schule jedoch tuschelte Justin mit seinen Freunden und ließ es so erscheinen, als sei doch viel mehr gewesen. Justin fing an anzugeben und Hannah hörte ein Gerücht, gegen das niemand ankam, und das ihr einen Ruf einbrachte, den andere Menschen für wahr annahmen.
Und das soll ein Grund für ihren Freitod gewesen sein?
Um ungestört die weiteren Seiten der Kassetten anhören zu können, leiht sich Clay bei seinem Freund Toby einen Walkman aus, immer im Ungewissen, ob der nicht auch auf der Liste steht.

* Die Seitenangaben beziehen sich auf die aktuelle Taschenbuchausgabe aus dem cbt-Verlag, ISBN-Nr. 978 -3-570-30843-1.

Literaturseiten „Tote Mädchen lügen nicht"   –   Bestell-Nr. 14 197

KOHL VERLAG

Kassette 1: Seite B *(S. 40 bis 56)*

Alex Standall ist der Nächste. Ihm räumt Hannah ein, dass er sicher nicht weiß, warum er auf der Liste steht. Aber er hatte sie auf einer Liste, die an der Schule rotierte, zum „geilsten Arsch der ersten Jahrgangsstufe ernannt".

Obwohl doch Jessica, die der „hässlichste Arsch" wurde, viel hübscher war als Hannah. Doch Alex stellte die beiden Mädchen aus Rache gegenüber. Hannah benutzte er, weil sie durch Justin Foley sowieso schon einen gewissen Ruf erworben hatte.

Hannah schätzt die Liste richtig als dreisten, albernen Scherz ein, möchte Alex aber trotzdem aufzeigen, was so ein Akt nach sich ziehen kann: Bestimmte Leute werden nämlich ermutigt, jemanden auf den Inhalt der Liste zu reduzieren. Und genau das ist Hannah dann auch in Wallys Laden passiert. Eine Hand klatschte auf ihren Hintern und eine zynische Bemerkung bewies, dass er von der Liste wusste und die ihm den Vorwand gab, so zu handeln. Es tat nicht weh, aber hatte er das Recht sich so zu verhalten? Und als sie seine Hand wegschlug, entschuldigte er sich nicht etwa, sondern wurde aggressiv und meinte, sie solle doch cool bleiben.

Kassette 2: Seite A *(S. 57 bis 71)*

Ms Antilly stiftete eine Freundschaft zwischen Hannah und Jessica. Die beiden Mädchen kommen sich immer näher und sind froh jemanden zu haben, mit dem sie sprechen können. Die Freundschaft wurde durch Alex, der ebenfalls neu an der Schule war, noch ergänzt. Regelmäßige Treffen in einem Café erweisen sich als Möglichkeit, eine gewisse Leere in ihrem Leben zu füllen. Obwohl – als richtige Freunde sieht Hannah die beiden anderen nicht an. Aber irgendwann schied Alex aus der Runde aus, zog sich zurück und irgendwann blieb auch Jessica weg. Und dann präsentierte Jessica eine Kopie der Liste „Wer ist heiß? Wer nicht?", in der Alex Hannah den Vorzug gab. Jessica glaubte, dass sie mit Alex auch außerhalb ihrer gemeinsamen Dreier-Treffen zusammen war. Das vormals gehörte Gerücht bestärkte sie in ihrer Meinung, obwohl Hannah versicherte, dass nichts gewesen wäre. Verärgert verließ Jessica das Treffen, nicht ohne Hannah einen Kratzer über der Augenbraue zuzufügen, was für diese viel mehr war als nur ein Kratzer.

Kassette 2: Seite B *(S. 72 bis 94)*

Clay fürchtet sich vor dem Augenblick, in dem er auf den Kassetten an die Reihe kommt, doch der Nächste ist Tyler, den Hannah als Spanner entlarvt.

Eine Eigenschaft, die sie als unheimlich charakterisiert. Was viel schwerer wiegt als die Vergehen der anderen „Angeklagten", die sich als Lügner, Dummköpfe und schwache Persönlichkeiten erwiesen haben.

Tyler beobachtete sie durch ihr Fenster und machte Fotos von ihr. Zusammen mit ihrer Klassenkameradin spielte Hannah dem Jungen eine Komödie vor, die es ihr ermöglichte, sein Tun aufzudecken.

Und ihr Vorwurf: Tyler nahm ihr die Sicherheit, die jemand in seinem Zimmer, in seiner Wohnung fühlen darf.

Literaturseiten „Tote Mädchen lügen nicht" – Bestell-Nr. 14 197

---

* *Die Seitenangaben beziehen sich auf die aktuelle Taschenbuchausgabe aus dem cbt-Verlag, ISBN-Nr. 978-3-570-30843-1.*

Kassette 3: Seite A *(S. 95 bis 118)*

Courtney Crimsen ist das Mädchen, das Hannah half, Tyler als Spanner zu überführen. Ihr ist die nächste Botschaft gewidmet. Sie ist eines der beliebtesten Mädchen der Schule, immer nett, freundlich, ganz egal mit wem sie es zu tun hat. Aber Hannah entlarvt ihr Verhalten als gestellt und als Versuch, immer im besten Licht zu erscheinen. Und sie erklärt, dass Courtney dadurch andere beeinflusst, so wie Hannah selbst beeinflusst worden ist, um sie zur beliebtesten Schülerin zu wählen.

Obwohl die beiden Mädchen sich durch das Erlebnis mit Tyler doch hätten näher kommen lassen sollen, zeigte Courtney ihr ein gewisses Desinteresse.

Erst vor einer Party, als sie Hannah als Begleitung gebraucht hatte, ließ sie ein Feuerwerk der Freundlichkeiten los um sie zu überreden. Hannah merkte bald, dass sie für Courtney nur Mittel zum Zweck war und diese wieder der strahlende Mittelpunkt sein wollte.

Eine brutale Rauferei zwischen zwei Jungs beunruhigte Hannah sehr, aber am schlimmsten für sie war als sie von einem Jungen erfuhr, dass Courtney sie verleumdet und Unwahrheiten verbreitet hatte. Später zeigte sie sogar, dass ihr ein Bild mit Hannah unangenehm war.

Auf seinem Weg durch die Stadt trifft Clay vor Tylers Haus einen weiteren Mitschüler, Marcus, der auf der Kassette vorkommt. Dieser hatte mit zwei anderen Betroffenen die Fensterscheibe von Tylers Zimmer eingeworfen. Als er auch Clay zum Steinwurf auffordert, weist dieser dies entrüstet zurück. Marcus leugnet jede Mitschuld an Hannahs Tod, ja er versteht gar nicht wieso er auf der Liste steht.

Kassette 3: Seite B *(S. 119 bis 147)*

Eine Fragenbogenaktion zum Valentinstag soll den Teilnehmern die Namen und Telefonnummern von Seelenverwandten liefern. Für alle nur ein Scherz wie für Hannah? Oder ein Vorwand für die Jungs auf ihrer Ergebnisliste sich mit ihr zu verabreden, weil sie durch die Gerüchte über sie besonders aufregend geworden war? Hannah wollte abwarten, was passieren würde.

Überrascht wurde sie von einem Anruf eines Jungen, der sich als Marcus herausstellte. Sie wäre die Nummer eins auf seiner Liste.

Marcus, ein Kindskopf, der nie langweilig war, verabredete sich mit Hannah zum Eisessen im Rosie's, nachdem sie ihm zum Spaß Interesse vorgaukelte.

Sie spielte das ziemlich realistisch und anregend, hauptsächlich für die anwesende Cheerleaderin, die wegen der Verabredung ziemlich aus dem Häuschen war.

Das Rosie's war die Location, in der „die entscheidenden Dinge passierten".

Also ging sie hin, obwohl sie wegen Marcus' Freundschaft zu Alex skeptisch war. Aber gerade deshalb wünschte sie sich, dass er ihr ohne Vorurteile gegenübertrat, ohne an die Gerüchte über sie zu glauben.

Im Lokal wartete sie dreißig Minuten auf Marcus; und als sie dachte er würde nicht mehr kommen, erschien er. Und dann passierte das Entscheidende: Marcus wurde zudringlich und bedrängte sie. Niemand der anderen Gäste mischte sich ein und fragte, ob sie Hilfe brauchte. Marcus reagierte nicht auf ihre Abwehr. Sie fühlten sich auch nicht angesprochen, als sie ihn aus der Nische schubste und er auf den Boden fiel. Danach ging Marcus, nicht ohne sie als Flittchen zu bezeichnen, was alle hören konnten.

Wieder einmal wurde sie von jemandem enttäuscht, dem sie eigentlich vertraute.

* Die Seitenangaben beziehen sich auf die aktuelle Taschenbuchausgabe aus dem cbt-Verlag, ISBN-Nr. 978 -3-570-30843-1 .

Literaturseiten „Tote Mädchen lügen nicht" – Bestell-Nr. 14 197
KOHL VERLAG

Kassette 4: Seite A (S. 148 bis 172)

Clay sucht das Rosie´s auf und wartet auf seine Mutter, die ihm die restlichen Kassetten vorbeibringt. Auf der nächsten berichtet Hannah über ihr Lieblingsfach „Kommunikation", in dessen Stunden sie sich richtig frei und sicher fühlte und in denen nicht nur Fakten, sondern wichtige Themen mit Lebensbezug im Vordergrund der Betrachtung standen. Und trotzdem ist in Mrs Bradleys Unterricht etwas passiert, das hier thematisiert wird und bei Hannahs Entscheidung eine Rolle spielte.

Mrs Bradleys bewunderte Methode zur Kommunikation untereinander war die Bereitstellung von Tüten, in die die Schüler/innen Mitteilungen an die anderen stecken konnten. So konnten auch die Jungen und Mädchen ihre Meinung mitteilen, die sich sonst nicht trauten, anderen Jugendlichen Komplimente zu machen oder jemandem etwas direkt ins Gesicht zu sagen.

Und da kommt Zach Dempsey ins Spiel, der Schlimmeres getan hat als Hannah eine gemeine Nachricht zu schicken. Nach dem Vorfall im Rosie´s setze er sich neben Hannah und versuchte durch Kommunikation an sie „heranzukommen", was misslang. Also entfernte er sich zu seinen Freunden, die ihn damit aufzogen, dass er bei ihr nicht landen konnte. Aus Rache und beleidigter Eitelkeit rächte er sich an Hannah, indem er ihr die aufmunternden, ermutigenden und netten Nachrichten immer wieder aus ihrer Tüte im Klassenzimmer klaute. Sein großes Vergehen war für Hannah, dass er ihr damit auch die Hoffnung stahl. Als sie ihn bei einer weiteren Tat stellte, versäumte sie es, ihn darauf anzusprechen und zur Rede zu stellen. Zach verschwand ohne sich zu entschuldigen und mit ihr zu sprechen, obwohl er durch einen an ihn persönlich gerichteten Zettel gewusst hatte, wie es um Hannah stand und dass sie an einem Punkt war, an dem sie Hilfe und Zuspruch gebraucht hätte.

Auf einem eigenen anonymen Zettel, für Mrs Bradley geschrieben, informierte Hannah erstmals über Selbstmordgedanken, die auch Zach bekannt sein mussten. Aber er unternahm nichts. Im Unterricht thematisiert führt das Thema zum Ergebnis, dass sich ein anonymer Ankündiger damit nur wichtig machen will. Das war´s dann für Hannah: Ab diesem Zeitpunkt konnte sie sich auch nicht mehr outen. Und außerdem schien sich niemand mehr ohne konkreten Anlass mit Selbstmord beschäftigen zu wollen.

Kassette 4: Seite B *(S. 173 bis 191)*

Hannah liebte Gedichte und so war es ihr wichtig solche auch zu schreiben.

Sie hörte damit auf, als sie merkte, dass sie kein Interesse mehr an sich selbst hatte. Aber es fehlte ihr und so beschloss sie, wieder anzufangen und meldete sich für einen Lyrikkurs an, in dem die Teilnehmer ihre Gedichte auch vorlasen und austauschten. Mit dabei war auch Ryan Shaver, der Redakteur der Schülerzeitung, der immer wieder Fundstücke aller Art in dem Magazin vorstellte. Mit ihm tauschte Hannah sogar Notizbücher aus, die ihre Gedichte enthielten. Er verstand auch, was sie mit einem ihr sehr wichtigen Gedicht ausdrücken wollte. Ryan stahl es und veröffentlichte es als Fundstück ohne ihren Namen in der Schülerzeitung.

In der ganzen Schule wurde das Werk gelesen, interpretiert, zerpflückt, parodiert, lächerlich gemacht. Verständlich, dass Ryans Vertrauensbruch Hannah ins Herz traf und wieder einen Schritt darstellte, ihr Sicherheitsgefühl zu beeinträchtigen und das Vertrauen in die Menschen in ihrer Umgebung zu verlieren.

* Die Seitenangaben beziehen sich auf die aktuelle Taschenbuchausgabe aus dem cbt-Verlag, ISBN-Nr. 978-3-570-30843-1.

Literaturseiten „Tote Mädchen lügen nicht" – Bestell-Nr. 14 197

Kassette 5: Seite A *(S. 192 bis 216)*

Eine überraschende Enthüllung: Tony hat den zweiten Satz der Kassetten. Clay ist die neunte Person, der er folgen musste. Warum gerade ihm Hannah die Kassetten gegeben hatte, wollte er Clay erst sagen, wenn er die nächste angehört hatte; denn die richtete sich an Clay.

Hannah wollte ihn näher kennen lernen, weil sie nur Positives über ihn gehört hatte, nie gab es etwas zu hören, das gegen ihn sprach. Niemand konnte etwas gegen ihn ins Feld führen und niemand sollte auch versuchen danach zu suchen. Deshalb gehört Clay auch nicht auf die Liste. Clay versteht deshalb auch nicht, wieso er sich dies alles dann anhören muss. Aber er muss ihrer Meinung einfach dabei sein, wenn sie ihre Geschichte erzählt.

Und Tony erklärt ihm, dass er einfach verrückt werden würde, wüsste er nicht, was sie zu ihrer Tat getrieben hatte.

Dann erzählt Hannah von der einzigen Nacht, in der sie beide miteinander richtig verbunden waren, einer Partynacht. Obwohl sie doch schon vorher zusammen in der Schule waren und im Kino gearbeitet hatten.

Hannah freute sich auf die Party, auch weil sie wusste, dass Clay dort sein würde. Sie wollte so gerne mit ihm reden und wissen, wer er war.

Und Clay ging es genauso. Aber als er ihr gegenübertrat, verlor er die Nerven und floh. Erst später kamen sie wieder ins Gespräch, in ein ernsthaftes. Und sie hätten sich alles sagen können, taten es aber wieder nicht. Und trotzdem, oder gerade deshalb, küssten sich beide. Sie hatten sich nur geküsst; bis Hannah Clay wegstieß, weil sie an ihren ersten Kuss mit Justin dachte. Und Clay ging, obwohl sie wollte, dass er bliebe und er wusste, dass sie ihn brauchte. Und sie sprachen nie mehr miteinander.

Kassette 5: Seite B *(S. 217 bis 228)*

Nachdem Clay das Zimmer und die Party verlassen hatte, blieb Hannah noch in dem dunklen Zimmer. Justin und das betrunkene Mädchen kamen herein, aber da das Mädchen zu betrunken war, beließen sie es bei ein paar Küssen. Justin nutzte die Situation nicht aus und verließ das Zimmer, nachdem er sich um das Mädchen gekümmert hatte. Vor der Tür verhandelte sein Freund längere Zeit mit ihm, bis der sich Einlass ins Zimmer verschaffte und das Mädchen vergewaltigte. Hannah hatte sich vor Angst in einen Schrank zurückgezogen und alles mitbekommen. Die Folge: Gewissensbisse, Selbstzweifel, Schuldzuweisungen Hannahs an sich und Justin, denn beide hätten es verhindern können.

Kassette 6: Seite A *(S. 229 bis 249)*

Tony outet sich noch ausdrücklicher als Hannahs Vertrauter und Inhaber des zweiten Satzes der Kassetten, der dafür sorgen sollte, dass auch alle darauf Angesprochenen die Aufnahmen anhörten. Auch erweist er sich als Stütze für Clay, der ihn in der schlimmsten Nacht seines Lebens sogar zum Lachen brachte.

Zielperson der nächsten Kassettenseite ist Jenny Kurtz, die Cheerleaderin, mit der sie im Schulbüro zu tun gehabt hatte. Sie las sie nach dem Partyerlebnis auf der Straße auf und wollte sie nach Hause fahren. Auf dem Weg dorthin baute sie einen Unfall, ein Stoppschild war der Gegner. Hannah wollte sie wegen Fahruntüchtigkeit am Weiterfahren hindern, doch Jenny setzte nach einer heftigen Auseinandersetzung die Fahrt fort und ließ Hannah zurück. Durch das fehlende Stoppschild kam es an der Stelle zu einem weiteren Unfall, bei dem jemand ums Leben kam. Ein zusätzlicher Grund für Hannah, sich erneut Vorwürfe zu machen: Wieder hätte sie Schlimmes verhindern können.

Literaturseiten „Tote Mädchen lügen nicht" – Bestell-Nr. 14 197

---

* *Die Seitenangaben beziehen sich auf die aktuelle Taschenbuchausgabe aus dem cbt-Verlag, ISBN-Nr. 978 -3-570-30843-1.*

KOHL VERLAG

Kassette 6: Seite B *(S. 250 bis 263)*

Hannah spricht deutlich aus, dass es Selbstmord ist, woran sie schon öfter gedacht hatte. Jetzt werden diese Gedanken aber ziemlich konkret und beschäftigen sich sogar mit der eventuellen Todesart und dem letzten Tag.

Und auf der Kassette spielt Bryce wieder eine Rolle, der Junge, der Jessica vergewaltigte. Er missbraucht Hannah für ein sexuelles Erlebnis, von dem ihn vielleicht Courtney hätte abhalten können, wäre sie nicht einfach gegangen.

Erstaunlich aber ist, dass Hannah alles geschehen ließ – weil sie sich bereits aufgegeben hatte.

Kassette 7: Seite A *(S. 264 bis 275)*

Eine Person wäre es gewesen, die Hannah noch von ihrem Selbstmordentschluss hätte abhalten können: Sie vertraute sich ihrem Lehrer, Mr Porter an. Der aber ließ sie aus dem Besprechungszimmer gehen, ohne ihr nachzugehen oder sie umzustimmen. Obwohl sie ihm zu verstehen gab, dass sie noch umzustimmen gewesen wäre.

Kassette 7: Seite B *(S. 276 bis 277)*

Die Kassettenseite ist leer, das Rauschen fällt auf, Clay beruhigt sich.

Einen Tag später *(S. 278 bis 282)*

Clay hat die Kassetten auf dem Postamt aufgegeben, Adresse: Jenny Kurtz ist es, deren Leben sich jetzt ändern wird. In der Schule steht Hannahs Stuhl leer auf seinem Platz, alles erinnert Clay an sie. Da trifft er Skye, das Mädchen aus dem Bus wieder. Bevor sie in der Menge verschwindet, will er sie anhalten. Es soll nicht wieder so sein wie bei Hannah, die in der Menge verschwand und sich auf den Kassetten verabschiedete.

Hoffnung ist es, was in Clay aufzieht.

* *Die Seitenangaben beziehen sich auf die aktuelle Taschenbuchausgabe aus dem cbt-Verlag, ISBN-Nr. 978 -3-570-30843-1.*

Literaturseiten
„Tote Mädchen lügen nicht" – Bestell-Nr. 14 197

KOHL VERLAG

➲ Allgemein

Die Schüler sollten ein **Lesetagebuch begleitend zur Lektüre** führen.

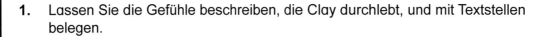

In einem Lesetagebuch kannst du
- alles aufschreiben, was dir zur Geschichte einfällt,
- Eindrücke schildern,
- Passagen kommentieren,
- deine Gefühle festhalten,
- kleine Geschichten schreiben,
- Skizzen und Zeichnungen anfertigen,
- Personen charakterisieren,
- Fragen notieren, die du mit anderen diskutieren möchtest,
- Diskussionsergebnisse notieren,
- alles hineinschreiben, was für dich in der Auseinandersetzung mit dem Inhalt wichtig ist.

1. Lassen Sie die Gefühle beschreiben, die Clay durchlebt, und mit Textstellen belegen.

2. Lassen Sie die Schüler zu Beginn jedes Kapitels auf jede Kassette die Nummern und die Namen der Personen schreiben, an die die jeweilige Botschaft gerichtet ist.

3. Zur besseren Lesbarkeit ist Hannahs Part im Buch jeweils *kursiv* gedruckt.
Die einzelnen Kapitel sind durch die Bewegungszeichen eines Kassettenrekorders (Stop ■ , Pause ❚❚ , Weiter ▶) aufgelockert und sagen aus, wie Clays Hörvorgang gesteuert wird.

4. Da Hannahs Botschaften jeweils von Clays Gedanken und Aktionen unterbrochen werden, bietet es sich an, Hannahs Aussagen nach Erlesen des ganzen Kapitels manchmal durchgehend laut vorzulesen/vorlesen zu lassen und Clay einfach auszulassen. Die Klasse soll dann mit geschlossenen Augen einfach zuhören und sich Clay vorstellen, von dessen Einlassungen sie ja jetzt wissen. Dies kann/sollte eine besondere emotionale Bindung erzeugen.

5. Am Ende der Kopiervorlagen zu den einzelnen Kapiteln werden die Schüler jedesmal aufgefordert:

Gibt es eine Stelle in diesem Kapitel, die dich besonders berührt hat? Scheue dich nicht, ein Gefühl zu beschreiben. Notiere es und hebe deine Notiz auf. Du musst sie niemandem zeigen, darfst aber mit einem vertrauenswürdigen Menschen darüber sprechen.

Die gesammelten Notizen können am Ende der Lektüre des Buches zu einer kleinen (gefühlvollen) Geschichte zusammengefasst werden.

Literaturseiten „Tote Mädchen lügen nicht" – Bestell-Nr. 14 197

KOHL VERLAG

➔ **Spezielle Hinweise zu den einzelnen Kapiteln**

Das Paket (ohne Kapitelüberschrift im Buch) *(S. 5 bis 7)*
Die Situation auf dem Postamt kann szenisch dargestellt werden, die Klasse bespricht
- was anders bzw. besser gemacht werden könnte,
- ob der Clay-Darsteller richtig herausgearbeitet hat, was der Autor beschreibt und vermitteln will.

Gestern – Eine Stunde nach Schulschluss *(S. 9 bis 10)*
Die Schüler dürfen vermuten, was Clay jetzt auf den Kassetten wohl zu hören bekommt.

Kassette 1: Seite A *(S. 11 bis 39)*
Lassen Sie zur Einstimmung und ohne Kommentar die Klasse im Sitzkreis „Stille Post"
spielen. Danach überlegen alle, was aus der ersten Information geworden ist. Ohne
dies auf die Lektüre des Buches zu beziehen erlesen die Schüler das folgende Kapitel.
Erst nach dem Lesen soll die Klasse erkennen, wieso das Spiel am Anfang stand.
- Die Schüler erklären, was das Gerücht ist und wieso Justin dieses in die Welt gesetzt hat.
- Das Sprichwort „aus einer Mücke einen Elefanten machen" kann in Bezug dazu gesetzt werden.

Hier und auch in den folgenden Kapiteln ist es immer angebracht, einzelne Aussagen
von Hannah und Clay zu analysieren und zu bewerten.

Kassette 1: Seite B *(S. 39 bis 56)*
Lassen Sie die Textstellen besonders herausstellen,
- wo Hannah Alex erklärt, wieso seine Liste so unheilvoll ist,
- und warum die Liste auch Clays Verhalten beeinflusste.

Kassette 2: Seite A *(S. 57 bis 71)*
Eine Schlüsselstelle des Kapitels ist die ausführliche Diskussion zwischen Hannah und
Jessica (S. 67 / 68), in der Jessicas Vorwurf geklärt werden sollte.
Diese Stelle kann ausdrucksstark von zwei Schülern vorgelesen oder sogar gespielt
werden. Auf diese Weise können Spannung und emotionale Betroffenheit noch mehr
herausgestellt werden.
Die Situation im Café kann auch graphisch aufgelöst und dargestellt werden.

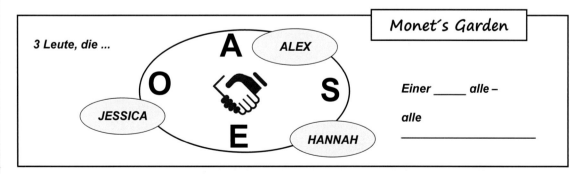

Im Rollenspiel können sich die Schüler in Hannahs und Jessicas Rolle versetzen und
die Situation nachspielen. Sie sollten gemeinsam auch einen anderen Ausgang herbeiführen und das Ergebnis des Rollenspiels der anderen Gruppen bewerten.

Literaturseiten „Tote Mädchen lügen nicht" – Bestell-Nr. 14 197

KOHL VERLAG

Kassette 2: Seite B *(S. 72 bis 94)*

Was ist und tut ein Spanner, worauf zielt er ab? Und warum begeht ein Spanner eine Straftat? Ist Spannen überhaupt eine Straftat? Könnte die Beobachtete nicht sogar stolz sein, dass ihr so viel Aufmerksamkeit zuteil wird?

Diese Fragen zu erörtern wird Aufgabe der Erarbeitung des Kapitels sein.

Die Aspekte Sicherheit der eigenen vier Wände und Einschränkung der Freiheit des Einzelnen herauszuarbeiten ist wesentlich.

Je nach Jahrgangsstufe bietet es sich an, sich in häuslicher Arbeit durch Internetrecherche mit Rechtsauslegungen zum Thema Voyerismus zu beschäftigen und die Meinungen ins Unterrichtsgespräch einzubringen.

Kassette 3: Seite A *(S. 95 bis 118)*

Courtney will Hannah überreden sie zu einer Party zu begleiten.

Die Schüler können zum einen die Textstellen heraussuchen, bei denen sich Courtney wieder sehr freundlich und nett gibt und Hannah einzuwickeln versucht. Auf der anderen Seite können Hannahs Bedenken stehen.

Und am Ende spielt auch Tyler wieder eine Rolle, den Hannah sogar im Auto mitnimmt. Diese Situation sollte die Schüler schon nachdenklich machen, denn Hannah macht ihm doch auch Vorwürfe wegen seines Verhaltens.

Das Zwiegespräch zwischen Clay und Marcus vor Tylers Haus könnten jeweils zwei Schüler im Rollenspiel gestalten. Die Intensität des Spiels sollte Clays Zerrissenheit und Marcus` Unverständnis verdeutlichen. Dies geschieht sicher immer besser, wenn die Klasse über die jeweilige Präsentation diskutiert.

Eine Gegenüberstellung beider Positionen könnte als Tafelanschrift von u.a. Textstellen des Kapitels geschehen (Siehe dazu auch Kopiervorlage und Lösungen dazu.).

Weiter sollte über einen Schlüsselsatz gesprochen werden, als Clay fragt:
„Wo ist der Unterschied zwischen Tyler und uns?"

Kassette 3: Seite B *(S. 119 bis 147)*

Die Fragebogenaktion kann dazu dienen die Schüler/innen selbst Eigenschaften eines Wunschpartners formulieren zu lassen. Dazu können auch Starfotos verwendet werden, denen diese Eigenschaften dann zugeordnet werden; eine Collage dazu – auch in Partnerarbeit erstellt – zeitigt sicher ein attraktives Ergebnis.

Der Handlungsstrang vom Warten Hannahs bis zu Marcus´ Abgang sollte ausdrücklich herausgearbeitet werden.

Lassen Sie klar herausstellen,
– welche Abwehrreaktionen Hannah auf Marcus´ Zudringlichkeiten zeigt
  (S. 140 bis 143),
– an welchen Stellen *(ab S. 141)* sie Hilfe suchend das Desinteresse der anderen Anwesenden anprangert,
– wieso Hannah wegen der bisherigen Erfahrungen so enttäuscht und verbittert ist
  (S. 143/144).
– wieso sich Clay am Ende Vorwürfe macht.

Hannahs Anklage können die Schüler ausdrucksstark vortragen.

Wird sie flüssig und mit Betonung und Nachdruck präsentiert, können Befindlichkeit und Betroffenheit des Mädchens erst so richtig wahrgenommen und beurteilt werden.
(Textstellen von *S 143* „Fast vom ersten Schultag ... bis *S. 144* ... Ein weiteres Mal.")

Literaturseiten „Tote Mädchen lügen nicht" – Bestell-Nr. 14 197

Kassette 4: Seite A *(S. 148 bis 172)*
Erarbeiten Sie mögliche Inhalte eines Faches Kommunikation. Dazu können die Schüler in Gruppenarbeit in einem Brainstorming ihre eigenen Vorstellungen und Wünsche einbringen, die Auswirkungen auf ihre Lebenswirklichkeit haben / haben können. Eine Mindmap dazu kann fächerübergreifend in den nächsten Wochen ergänzt werden.

Lassen Sie erarbeiten, was Hannah durch den Kopf geht, als sich Zach zu ihr in die Nische setzt.

Thematisieren Sie das Problem Suizid. Stellen Sie Gründe, Befindlichkeiten, Hilfsmöglichkeiten zusammen. Wenn Sie diesbezüglich Hilfe und Beistand brauchen, wenden Sie sich an geeignete Experten (Religionspädagogen, Schulpsychologen, Beratungslehrkräfte u.a.) und scheuen Sie sich nicht, diese in den Unterricht zu holen.

Kassette 4: Seite B *(S. 173 bis 191)*
Ryans Vertrauensmissbrauch und Hannahs Befindlichkeit danach müssen mit im Mittelpunkt der Betrachtung stehen, weil sie ja wiederum einen Schritt auf dem Weg zum Suizid darstellen. Lassen Sie die Schüler auch ihr Bedürfnis nach Sicherheit artikulieren: Wo fühle ich mich sicher? Was erwarte ich von anderen, um mich sicher fühlen zu können? Wo und wie wird / würde meine Sicherheit eingeschränkt?

Hannahs Gedicht „Einsame Seele" *(S. 189)* könnte / sollte erst einmal erlesen werden, ehe sie Ryans Interpretation erfahren, denn es ist sicher interessant, den Schülern erst einmal selbst Interpretationsversuche zu gestatten.
Dazu erlesen sie das Gedicht im Stillen. Vielleicht ist es nötig, sich dazu die Ohren zuzuhalten.
Vielleicht muss es ein zweites und drittes Mal gelesen werden, um zu erkennen, worum es geht.
Es kann auch helfen, in Gedanken Satzzeichen zu setzen und manchmal das Wörtchen du einzusetzen.

Auf jeden Fall sollte die Arbeit an dem Kapitel nicht enden ohne eigene Gestaltungsversuche im Sinne des kreativen Schreibens. Eine Öffentlichmachung der Produkte geschieht aber nur im Einverständnis mit den Autoren. Sonst hätten wir ja dieselbe Situation wie in Hannahs Fall.

Kassette 5: Seite A *(S. 192 bis 216)*
Die Einstiegssituation mit Tony *(S. 192 bis 195)* eignet sich gut zum Nachspielen. Um die Dramatik vorzubereiten, bietet es sich an die besonders zu betonenden Redeteile farbig hervorzuheben.

Lassen Sie herausarbeiten,
– was Hannah über Clay erfährt / weiß und
– was deshalb keinesfalls passieren sollte.

Gefühle spielen in diesem Kapitel eine besonders große Rolle.
Die Schüler können dies mit vielen wörtlichen Reden belegen.

Literaturseiten
„Tote Mädchen lügen nicht" – Bestell-Nr. 14 197

Kassette 6: Seite A *(S. 229 bis 249)*
Hannah schenkte Tony ihr Rad. Das ist ein Grund, im Rollenspiel in die Tiefe zu gehen und im Zwiegespräch zu versuchen eine Erklärung dafür zu finden.
Wichtig ist dabei, dass die Person des Tony immer wieder nachbohrt und weiterfragt, warum sie das tut und was sie ohne Rad tun wolle. Geschieht dies nicht, verhält sich die Rolle genauso wie Tony im Kapitel und kann nichts verhindern.
Lassen Sie herausarbeiten *(S. 232/233)* was in Tony vorgeht, nachdem Hannah ihn verlassen hatte.
Ein weiteres szenisches Spiel bietet sich zur Auseinandersetzung zwischen Hannah und Jessica nach dem Unfall an, als Hannah diese veranlassen wollte nicht weiterzufahren.

Kassette 6: Seite B *(S. 250 bis 263)*
Die sexuelle Aktion zwischen Bryce und Hannah muss nicht im Einzelnen thematisiert werden, aber sie kann nicht einfach ausgelassen werden. Auch wenn sie einer Lehrkraft im Detail peinlich ist. Auf einem Textblatt könnten die entsprechenden Stellen geschwärzt werden, in einem Buch, das in der Hand jedes Schülers ist, geht das nicht. Also muss sich eine Lehrkraft dem auch stellen.
Wichtig ist aber schon zu diskutieren, wieso Hannah Bryce gewähren lässt.

Kassette 7: Seite A *(S. 264 bis 275)*
Lassen Sie die Textstellen suchen,
– wo sich Mr Porter einfühlsam zeigt,
– wo Hannah zeigt, dass sie eigentlich ihren Entschluss noch umkehren wollte.

Kassette 7: Seite B *(S. 276 bis 277)*
Die Klasse zeigt auf, wie sich Clay langsam entspannt und beruhigt.

Einen Tag später *(S. 278 bis 282)*
Das Prinzip Hoffnung steht am Ende des Buches und sollte auch die Klasse erfüllen.
Es muss betont werden, dass aus dem Scheitern eines anderen gelernt werden kann und muss. Und so sollte uns Hannahs Tod ermuntern, miteinander zu sprechen, einander zu helfen, aneinander zu denken.
Trotz allen Schmerzes, den Hannah erleiden musste, ist auch an das Leid zu denken, das durch so eine Tat dem eigenen Umfeld zugefügt wird: Geschwister, Eltern, Freunde, alle werden ebenfalls in Mitleidenschaft gezogen.

Deshalb: Unbedingt die Liebe zum Leben betonen!
Die Erarbeitung eines Tafelbilds zum Prinzip Hoffnung (= Zuversicht), ausgehend von Hannahs Verzweiflung nach dem Besuch bei Mr Porter soll die Problematik vertiefen (siehe Kopiervorlagen und Lösungen).

Geeignete Sprichwörter zur Vertiefung:
Die Hoffnung stirbt zuletzt.
Noch ein Fünkchen Hoffnung haben.
Nichts hält die wahre Hoffnung auf. Sie fliegt mit Schwalbenflügeln. (Shakespeare)
Der Mensch ist auf Hoffnung gebaut und er hat eigentlich keinen anderen Besitz als die Hoffnung.
Unsere Wohnung hier heißt: die Stätte der Hoffnung. (Carlyle)
Es ist die Hoffnung, die den schiffbrüchigen Matrosen mitten im Meer veranlaßt, mit seinen Armen zu rudern, obwohl kein Land in Sicht ist. (Ovid)
Wir hoffen immer, und in allen Dingen ist besser hoffen als verzweifeln. (Goethe)
Die Hoffnung hilft uns leben. (Goethe)
Hoffnung gießt in Sturmnacht Morgenröte! (Goethe)

Im Internet können die Schüler weitere Sprichwörter/Aphorismen suchen.

Literaturseiten „Tote Mädchen lügen nicht" – Bestell-Nr. 14 197

a) *Schau dir das Cover des Buches an. Lasse es auf dich wirken. Schließe einen Moment deine Augen, dann schaue dir das Cover nochmal an. Schildere jetzt spontan deinen Eindruck von dem Gesehenen.*

_____

_____

b) *Welche Farben weist das Cover auf?*

_____

c) *Warum hat der Gestalter wohl diese Farben gewählt?*

_____

d) *Was bedeuten die grünen Striche?*

_____

e) *Wie ist der Titel angeordnet? Warum wurde diese Anordnung wohl gewählt?*

_____

f) *Worauf weist der Buchtitel hin? Was erwartest du?*

_____

g) *Der Text auf der Rückseite gibt einen Hinweis auf die Geschichte. Lies die Pressestimmen auf der Innenseite.*

_____

h) *Was sagst du dazu, was hältst du davon?*

_____

i) *Im Original heißt der Roman „13 Reasons Why“. Übersetze den englischen Titel und vergleiche ihn mit dem deutschen.*

_____

j) *Begründe, welchen Titel du besser findest.*

_____

Hannah

k) *Nachfrage: Können tote Mädchen lügen? Wieso eigentlich nicht, wer hat die Gedanken aufgeschrieben – eine Tote?*

_____

l) *Was bedeutet das WHY im englischen Titel? Worauf weißt es hin?*

_____

Literaturseiten „Tote Mädchen lügen nicht" – Bestell-Nr. 14 197

KOHL VERLAG

(1) *Lies das Kapitel aufmerksam, aber schnell. Dann sprich mit einem Partner über den Inhalt.*

(2) *Welche Aussage ist wahr?*

Clay geht es gut. ○   Clay geht es nicht gut. ○

(3) *Begründe deine Meinung, indem du die fehlenden Wörter einsetzt.*

Clay streicht sich über die linke ✎_____ .

Das _____ ist schlimmer geworden.

Er reibt sich den _____ aus den _____ .

Das _____ ist schwierig.

Weit hinter seiner _____ _____

pocht sein _____ immer noch.

Wenn er _____ , brennt es _____

in seiner _____ .

Er ist dem_____ nahe.

Er will _____ .

Er will auf den _____ _____ .

Er will in die _____ _____ .

(4) *Musstest du deine Entscheidung von Nr. 1 revidieren?* Ja ○   Nein ○

(5) *Wem von diesen Personen lässt Hannah das Paket zukommen?*

Clay ○   der Postangestellten ○   Jenny ○

Mr Porter ○   Mrs Porter ○

 Gibt es eine Stelle in diesem Kapitel, die dich besonders berührt hat? Scheue dich nicht ein Gefühl zu beschreiben. Notiere es und hebe deine Notiz auf. Du musst sie niemandem zeigen, darfst aber mit einem vertrauenswürdigen Menschen darüber sprechen.

_____

_____

_____

Literaturseiten „Tote Mädchen lügen nicht" – Bestell-Nr. 14 197

KOHL VERLAG

Beschrifte die 13 Kassetten nach dem Lesen des jeweiligen Kapitels.
Ein Beispiel ist vorgegeben:

1: Clay Jansen

Gibt es eine Stelle in diesem Kapitel, die dich besonders berührt hat?
Scheue dich nicht ein Gefühl zu beschreiben. Notiere es und hebe
deine Notiz auf. Du musst sie niemandem zeigen, darfst aber mit einem
vertrauenswürdigen Menschen darüber sprechen.

Literaturseiten
„Tote Mädchen lügen nicht" – Bestell-Nr. 14 197
KOHL VERLAG

a) *Am Anfang sagt Hannah selbst: „Tote Mädchen lügen nicht."*
Welchen Anspruch vermittelt sie damit den Hörern?

_____

b) *Nach ihrer Begegnung mit Justin wird in der Schule ein Gerücht*
verbreitet, das Hannah sehr berührt und mitnimmt.

_____

_____

c) *Erkläre mit Hilfe dieses Ideogramms, was ein Gerücht ist, wie es*
entsteht und was es bewirkt.

EIN GERÜCHT ENTSTEHT

_____

_____

d) *Auch Clay hat das Gerücht gehört. Was denkt er darüber? Ist es wahr?*

_____

_____

e) *Wieso macht Justin das? Erkläre, wieso er dieses Gerücht*
in die Welt setzt.

_____

_____

f) *Was denkt Justin wohl, wenn er Hannahs Geschichte hört?*

Fühlt er sich schuldig ○ , nicht schuldig ○ ?

Was meinst du, ist Justins Verhalten ein Grund für Hannahs Selbstmord?

_____

_____

_____

Literaturseiten
„Tote Mädchen lügen nicht" – Bestell-Nr. 14 197

KOHL VERLAG

(2) *Ist Hannah zu „dünnhäutig"?*

_____

 (3) *Sicher kennst du die Sprichwörter „aus einer Mücke einen Elefanten machen" oder „etwas aufbauschen".*
Was haben diese beiden mit Hannahs Problem zu tun?

_____

_____

  (4) *An welchen Textstellen erkennst du Clays innere Zerrissenheit?*
Wo wundert er sich? Wo zeigt er sich unsicher?

_____

_____

_____

_____

  (5) *Hast du auch schon einmal ein Gerücht in Umlauf gebracht? Hast du zu einer Information etwas hinzugedichtet, etwas weitererzählt, das du selbst gar nicht gesehen oder erlebt hast, eine Vermutung so erzählt als wäre sie Wahrheit?*

_____

_____

_____

  (6) *Bist du selbst schon einmal „Opfer" eines Gerüchts geworden?*

_____

_____

  (7) *Spielt noch einmal mit einer größeren Gruppe „Stille Post" und sprecht am Schluss darüber, was aus der ersten Information wurde.*

_____

 Gibt es eine Stelle in diesem Kapitel, die dich besonders berührt hat? Scheue dich nicht ein Gefühl zu beschreiben. Notiere es und hebe deine Notiz auf. Du musst sie niemandem zeigen, darfst aber mit einem vertrauenswürdigen Menschen darüber sprechen.

_____

Literaturseiten „Tote Mädchen lügen nicht" – Bestell-Nr. 14 197

KOHL VERLAG

1   *Hannah will, dass alle, die auf der Liste sind, ihr zuhören.*
Was meint Clay dazu? Setze (mit oder ohne Hilfsleiste) ein.

> reiße aus • tue an • brenne in • höre zu • zweiter Satz • Hannahs Stimme •
> anhören • was • hören • den Bändern • jedenfalls gesagt • belastet •
> kein Trick • schlucke • schmeiße in • Öffentlichkeit

Warum _____ ich eigentlich _____ ? Ich meine, warum _____ ich mir das überhaupt _____ ? Warum _____ ich nicht einfach die Kassette _____ dem Rekorder und _____ alle zu-sammen _____ den Müll? Ich _____ heftig. Tränen _____ _____ meinen Augenwinkeln. Weil es _____ _____ ist.

Aber _____ ist, wenn auf _____ _____ doch etwas zu _____ ist, was mich _____ ? Falls das alles doch _____ _____ ist? Dann wird ein _____ _____ Kassetten an die _____ gelangen. Das hat sie _____ _____ . Und jeder kann sie dann _____ .

2   *Die „Hot-or-Not"-Liste – was meint Hannah dazu?*
Füge die Antworten richtig zusammen.

1	Alex meint wahrscheinlich sogar ...	a	... es ein Scherz war.
2	Eigentlich sollte ich wohl dankbar sein ...	b	... welcher Seite der Liste ich stand.
3	Eigentlich war es mir egal, warum ...	c	... durch Justins Angeberei schon einen gewissen Ruf weg hatte.
4	Eigentlich war es mir egal auf ...	d	... nicht ehrlich war.
5	Trotzdem wollte ich keinen ...	e	... verhalten, dass es ein Scherz blieb?
6	Ich weiß, dass Alex` Wahl ...	f	... Stempel aufgedrückt bekommen.
7	Alex wollte sich nur an Jessica rächen, ...	g	... weil er sich durch die Liste ermutigt fühlte.
8	Alex hat mich nur ausgewählt, weil ich ...	h	... etwas Gutes getan zu haben.
9	Der Tag, an dem die Liste an der Schule in Umlauf kam, ...	i	... der sich gar nicht witzig verhält.
10	Ich wusste ja, dass ...	j	... war gar nicht übermäßig schlimm für mich.
11	Alle wussten, dass	k	... zum geilsten Arsch der Jahrgangsstufe ernannt worden zu sein.
12	Aber würden sich auch alle so ...	l	... ich auf der Liste stand.
13	Bestimmt wird es immer jemanden geben, ...	m	... alles ein Scherz war.
14	Und einer hat sich unverschämt benommen, ...	n	... indem er ihr das Prädikat verweigerte, das er mir gab.

1	2	3	4	5	6	7	8	9	10	11	12	13	14

Literaturseiten „Tote Mädchen lügen nicht" – Bestell-Nr. 14 197

KOHL VERLAG

3 *Wem gehörte die Hand, die sich auf Hannahs Hintern legte?*

Sie nennt einen Namen. ○   *Sie nennt keinen Namen.* ○
Wally war es. ○

Belege deine Antwort mit einer Textstelle auf Seite 49.

_____

_____

_____

_____

_____

_____

_____

_____

4 *Wie verhält sich Hannah bei dem „Angriff"?*

_____

5 *Welchen Rat gibt sie allen Mädchen?*

_____

_____

6 *Wie reagiert der Junge, als Hannah an ihm vorbeigeht? (S. 53)*
Verwende diese Schlüsselwörter.

Handgelenk? _____

_____

Griff? _____

_____

Augen? _____

_____

Schulter? _____

_____

Spaß? _____

_____

Literaturseiten „Tote Mädchen lügen nicht" – Bestell-Nr. 14 197

KOHL VERLAG

(7) *Auf einmal versteht Clay, was Hannah meint. Er verspürt ein besonderes Besorgnis erregendes Gefühl (S. 54). Welches ist das?*

_____

 (8) *Wieso bekommt er ein ganz schlechtes Gewissen?*

_____

_____

_____

 (9) *Hat sich der Typ bei Hannah entschuldigt?* _____

Wie war Hannah drauf? _____

Wieso regte sie sich besonders auf?

_____

 (10) *Welche Tipps gibt Hannah allen Jungs? L S I R ! bedeutet:*

_____

 Und: Wenn du _____

_____

_____

 (11) *Was bedeutet „aus einer Maus einen Elefanten machen" oder „eine Lawine entsteht aus einem Schneeball"? Was hat das mit dieser Geschichte zu tun?*

_____

_____

 Gibt es eine Stelle in diesem Kapitel, die dich besonders berührt hat? Scheue dich nicht ein Gefühl zu beschreiben. Notiere es und hebe deine Notiz auf. Du musst sie niemandem zeigen, darfst aber mit einem vertrauenswürdigen Menschen darüber sprechen.

_____

Literaturseiten „Tote Mädchen lügen nicht" – Bestell-Nr. 14 197

KOHL VERLAG

1 *Als Hannah von Ms Antillys Vermittlungsversuch erzählt, kommt Clay plötzlich Mr Porter in den Sinn. Was erfährst du über den Lehrer? Ergänze die Sätze. Du kannst die Satzenden unten verwenden. Du darfst aber auch eigene Formulierungen benutzen und dann kontrollieren.*

Mr Porter könnte auch etwas _____

Er fragte, warum er überall _____

Er sah _____

Es schien als wüsste _____

Aber er wollte nur _____

Es könnte sein, dass sein _____

Könnte es sein, dass _____

Und er starrte regungslos _____

Danach kam Mr Porter eine Woche lang _____

Vielleicht wusste er _____

> mit Hannahs Tod zu tun haben • nervös und fast krank aus • auf Hannahs Tisch, fast durch ihn hindurch • nicht wieder in die Schule • auf den Gängen Hannahs Namen hörte • vom Gegenteil überzeugt werden • er die Antwort auf seine Fragen • Gesicht von Schmerz erfüllt war • mehr als ihm lieb war! • er Angst hatte?

2 *Das Café „Monet´s Garden" wurde Hannahs, Jessicas und Alex Oase. Erkläre diese Situation. Du kannst Textstellen verwenden, in denen die Begriffe „Mittagspause – Flure – verlassen – Herz" vorkommen.*

_____

_____

_____

_____

_____

_____

_____

Literaturseiten „Tote Mädchen lügen nicht" – Bestell-Nr. 14 197

EA ③ *Bringe das Bild mit der Situation im Café in Verbindung.*

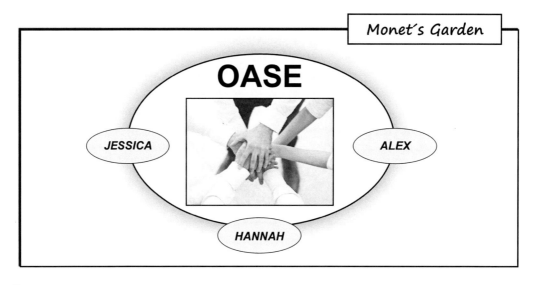

Monet's Garden

OASE

JESSICA   ALEX

HANNAH

✎ _____

_____

_____

EA ④ *Hannah oder Jessica? Wer sagt was? Kreuze an.*

		Hannah	Jessica
1	Wir müssen reden.		
2	Ich wusste, was sie von mir wollte.		
3	Einer für alle – alle für einen.		
4	Ach komm, das bedeutet doch nichts.		
5	Es ist mir egal, dass er dir den Vorzug gibt.		
6	Er hat meinen Namen nur benutzt, um sich an dir zu rächen.		
7	Ich weiß doch, was geredet wird!		
8	Das Gerede muss noch lang nicht der Wahrheit entsprechen.		
9	Danke, dass du mich in den ersten Wochen so unterstützt hast.		
10	Damals, im Monet´s hat Alex dich angestarrt, nicht mich.		
11	Es tut mir leid, dass sich Alex den Quatsch mit der Liste ausgedacht hat.		

Literaturseiten „Tote Mädchen lügen nicht" – Bestell-Nr. 14 197

KOHL VERLAG

5 *Und was sagte Jessica noch? Hannah hatte es nicht verstanden.*
Wie könnte sie Hannah genannt haben?

_____

6 *Was sagst du zu Jessicas Handeln?*

_____

_____

7 *Und wer begrüßt Hannah jeden Morgen und wer sagt jeden Abend*
„Schlaf gut!" zu ihr?

_____

8 *Ein kleiner Kratzer, zwei Auswirkungen. Ergänze die Lücken.*

mehr • süß • Makel • Messer • Schlag • Rücken • hübschen

Für Clay sah der Kratzer sogar _____ aus, er war ein winziger

_____ in einem _____ Gesicht. Für Hannah war er

aber _____ , es war ein _____ in ihr Gesicht, wie ein

_____ in ihrem _____ .

9 *Was ist das Ergebnis des letzten Zusammentreffens im Café?*

Eine „Freundschaft" ist _____ .

Hannahs Glaube an Freundschaft hat einen _____ bekommen.

Literaturseiten
„Tote Mädchen lügen nicht" – Bestell-Nr. 14 197
KOHL VERLAG

10 *Was meint Hannahs Aussage „Denn die meisten sind mit bloßem Auge nicht zu erkennen"?*

_____

_____

_____

_____

11 *Könnt ihr beide Sätze von Hannah rekonstruieren?*

Und ihr – habt habt ihr nicht gesehen, die ihr die alle Narben geschlagen? Nein, bestimmt!

_____

_____

12 *Welche Frage stellt Clay danach? Was will er damit ausdrücken?*

_____

_____

_____

13 *Versetzt euch in Hannahs und Jessicas Rollen und versucht im Rollenspiel die Situation nachzuspielen. Könnt ihr gemeinsam auch einen anderen Ausgang herbeiführen? Ihr könnt das Ergebnis des Rollenspiels eurer Mitschüler bewerten.*

Gibt es eine Stelle in diesem Kapitel, die dich besonders berührt hat? Scheue dich nicht ein Gefühl zu beschreiben. Notiere es und hebe deine Notiz auf. Du musst sie niemandem zeigen, darfst aber mit einem vertrauenswürdigen Menschen darüber sprechen.

_____

_____

_____

Literaturseiten „Tote Mädchen lügen nicht" – Bestell-Nr. 14 197

KOHL VERLAG

① Tyler – ein Spanner

Diskutiert, was ein Spanner tut, welches Ziel er hat, welche persönliche Befindlichkeit damit verbunden ist. Tragt eure Ergebnisse hier zusammen.

_____

_____

_____

② Die Zielperson

Was ist mit der Person, meistens weiblich, die Ziel eines Spanners wird? Stelle dir vor, du wärst das? Besprecht diesen Fall.

_____

_____

_____

③ Hannah, das Ziel

Hannah war schön öfter Tylers Ziel. Was hätte sie dagegen unternehmen können, wie wollte sie sich vor folgenden Angriffen schützen?

_____

④

Mit welchen Aussagen (S. 91) drückt Hannah aus, dass sie sich nie mehr sicher fühlte?

a) Aber das _____ , von dir _____ zu werden, Tyler, hat mich nie _____ .

b) Unser _____ . Mein _____ . Dort habe ich mich _____ gefühlt.

c) Doch du hast mir diese _____ genommen.

Literaturseiten „Tote Mädchen lügen nicht" — Bestell-Nr. 14 197

Die strafrechtliche Situation

Folgender Text hilft dir bei der Bewertung der rechtlichen Situation. Wenn du dieses Kapitel liest, ist vielleicht eine Änderung des Gesetzes erfolgt. Versuche deshalb im Internet den neuesten Stand zu recherchieren.
Die strafrechtliche Verfolgung von Voyeurismus ist in Deutschland, Österreich und der Schweiz nicht eindeutig durch eine einheitliche Definition geregelt.

Ein Rechtsgrundsatz:
Jeder Mensch hat Anspruch auf seine Privatsphäre.
Heimliches Beobachten durch eine andere Person könnte als Eingriff in dieses Recht angesehen werden. Es wurde ja schließlich ein Persönlichkeitsrecht verletzt und somit ist damit auch die Geltendmachung des Unterlassungsanspruchs durch eine Abmahnung möglich. Schmerzensgeld-/Schadensersatzansprüche können deshalb eingeklagt werden.

Und deine persönliche Befindlichkeit?
Hannah stellt Tyler direkt zwei wichtige Fragen, die auch für dich von großer Bedeutung sind bzw. sein sollten. Finde sie im Kapitel.

a)   *Wie* _____ *ist dir deine persönliche* _____ ?

b)   *Was bedeutet* _____ *deine* _____ ?

Beantworte diese Fragen für dich persönlich. Du könntest daraus einen Aufruf gestalten, der im Klassenzimmer ausgehängt werden kann.

Literaturseiten
„Tote Mädchen lügen nicht"   –   Bestell-Nr. 14 197
KOHL VERLAG

(7) **Ein Sprichwort aus dem Englischen.**

Was bedeutet das Sprichwort „My home is my castle"?
Was hat es mit Hannah zu tun?

(8) *Fasse das Kapitel mit eigenen Worten zusammen.*

***Gibt es eine Stelle in diesem Kapitel, die dich besonders berührt hat?
Scheue dich nicht ein Gefühl zu beschreiben. Notiere es und hebe deine
Notiz auf. Du musst sie niemandem zeigen, darfst aber mit einem
vertrauenswürdigen Menschen darüber sprechen.***

Literaturseiten
„Tote Mädchen lügen nicht" – Bestell-Nr. 14 197

KOHL VERLAG

1 **Auf dem Flur des Schulhauses: Hannah trifft Courtney** *(ab S. 100)*
Finde die Textstellen.

a) Hannah ist überrascht:

_____

b) Courtney ist wieder eine strahlende Erscheinung:

_____

c) Vorher hatte Courtney sie immer mehr ignoriert:

_____

d) Courtney wollte Hannah „Honig ums Maul schmieren":

_____

e) Auch Clay schätzt Courtney richtig ein:

_____

f) Courtney ist bei allen angesehen:

_____

2 **Vor Tylers Haus** *(ab S 107)*

a) *Ergänze die Satzanfänge.*

Clay sieht, dass die Scheibe von _____

Hat jemand von der Liste _____

Auf einmal taucht ein _____

Der Junge hält einen _____

Er bietet Clay den _____

Davor hatten schon zwei _____

Alle vier wissen über _____

Alex war der erste _____

Es war Alex` Idee _____

Clay möchte aber _____

Clay ist entrüstet wegen des _____

Bestell-Nr. 14 197

Literaturseiten „Tote Mädchen lügen nicht" –

KOHL VERLAG

b) *Stelle Clay und Marcus gegenüber. Wie geben sich beide?*
Du kannst mit Textstellen arbeiten.

CLAY	MARCUS

Du kannst, musst diese Hilfsleiste aber nicht verwenden. Wenn nicht, decke sie ab.

keinUnrechtsbewusstseinnimmtSteinindieHandfordertzumWerfenaufStimmezittertbeschimpft Marcus:„DuSchwein!"zornigangestrengtblinzeltverstehtnichtwiesoeraufdenKassettenvorkommt hatkeinVerständnis für ClaysReaktionTränenbeschimpftTylerSprechenfastunmöglichballtFaust könntesichnachWurfbesserfühlenweistTylerSchuldzumachtkehrtmusssichbeherrschenkannkeinen klarenGedankenfassenlässtSteinfallenkönnteMarcusbietetClayeinenSteinanschlagenhatnichtals ErstergeworfenfauchtistauchaufdenKassettenMarcusistfassungslosbehauptetnichtsgetan zuhabenschautdurchClayhindurch

 3 *Diskutiert Clays Frage „Wo ist der Unterschied zwischen uns und Tyler?".*

_____

_____

_____

Literaturseiten „Tote Mädchen lügen nicht" – Bestell-Nr. 14 197

KOHL VERLAG

④   Auf der Party.
Wer verhält sich wie? Füge die Satzteile zusammen.

1	Courtney betrachtete Hannah ...	**a**	... trennte sich Courtney von Hannah.
2	Am Einlass machte Courtney ...	**b**	... mit Hannah viel Spaß haben.
3	Gleich nach dem Eintritt ...	**c**	... verstörte Hannah in hohem Maße.
4	Courtney ermahnte Hannah, sie ja wieder ...	**d**	... angeblich in Hannahs Kommode befand.
5	Hannah merkte natürlich schnell, dass ...	**e**	... sichtlich peinlich.
6	Eine vorher nicht gekannte Art von Schlägerei ...	**f**	... als reine Mitfahrgelegenheit.
7	Ein Junge wollte mit ...	**g**	... mit nach Hause zu nehmen.
8	Courtney hatte herumerzählt, man könnte ...	**h**	... Hannah reden.
9	Sicher hatte sie auch erzählt, was sich ...	**i**	... einen Jungen auf Hannah aufmerksam.
10	Hannah wollte, dass Tyler ein Foto ...	**j**	... Courtney sie wieder nur ausnutzte.
11	Das Foto war Courtney ...	**k**	... mit ihr und Courtney machte.

1	2	3	4	5	6	7	8	9	10	11

Ausgenutzt?
Welche Aussagen sind wahr, welche falsch?

	WAHR	**FALSCH**
Hannah möchte, dass Clay ein Foto von ihr mit Courtney macht.		
Courtney und Hannah lächeln auf dem Foto.		
Hannah ist das Foto dann doch sichtlich peinlich.		
Das Foto gehörte nicht zu Courtneys Plan.		
Courtney wollte das Foto, weil sie ihr Image aufpolieren wollte.		
Das Foto ging Courtney gegen den Strich.		
Courtney sagte, sie beide wären Freundinnen.		
Courtney meinte ehrlich, dass sie Freundinnen wären.		
Hannah wollte die Party ohne Courtney verlassen.		
Courtney flehte Hannah an zu bleiben.		

Literaturseiten „Tote Mädchen lügen nicht" – Bestell-Nr. 14 197

Lesen und Erfolg KOHL VERLAG

(6) *Auf der Party trifft Hannah Tyler. Sie nimmt ihn sogar im Auto mit.*
Worüber wunderst du dich?

_____

_____

_____

_____

_____

(7) *Welche Chance hätte*
Hannah im Auto gehabt?

_____

_____

_____

_____

_____

_____

Du kannst dazu auch diesen Satz rekonstruieren:

hätte befreien sie ihm doch eine halten Jetzt und sich innerlich Standpauke können.

Gibt es eine Stelle in diesem Kapitel, die dich besonders berührt hat?
Scheue dich nicht ein Gefühl zu beschreiben. Notiere es und hebe deine
Notiz auf. Du musst sie niemandem zeigen, darfst aber mit einem
vertrauenswürdigen Menschen darüber sprechen.

_____

_____

_____

Literaturseiten „Tote Mädchen lügen nicht" – Bestell-Nr. 14 197

KOHL VERLAG

EA

PA

1 Einen Fragebogen auf einem Extrablatt gestalten

Welche Inhalte muss/sollte dein Fragebogen enthalten? Orientiere dich an Hannahs Valentine´s Fragebogen. Ergänze mit deinen eigenen Vorschlägen und fülle ihn für dich aus. Du kannst ihn mit einer vertrauenswürdigen Person austauschen und darüber sprechen.

> ♥ My Valentine ♥
> **Mein Wunschpartner**
>
> **Größe:** _____
> **Körperbau:**
>
> dünn   O   athletisch   O
> _____   O   _____ O
> _____   O
>
> **Eigenschaften:**
>
> schüchtern   O   extrovertiert O
> musikalisch   O   sportlich   O
> _____   O   _____ O

2 Hannah im Zwiespalt

Hannah überlegt, ob sie den Fragebogen wieder aus der Box nehmen sollte. Sie schwankt zwischen drei Alternativen. Kennst du sie? Kannst du sie erklären?

Pe_____ – Op_____

Du_____

Pe_____ : Angst vor dem, _____

und kleinlaut _____ .

Op_____ : Alles lassen, _____

und das _____ .

Du_____ : Alles so laufen lassen, obwohl sie eigentlich

_____ .

Literaturseiten „Tote Mädchen lügen nicht" – Bestell-Nr. 14 197

KOHL VERLAG

(3)

Was ist Hannahs größter Wunsch (S. 134/135)?
Formuliere frei oder ergänze den Lückentext – auch mit Hilfe der Hilfsleiste.

✎ _____

_____

_____

_____

Sie wollte, dass die _____ – trotz der

Dinge, die sie _____ gehört hatten. Und sie wollte, dass sie

_____ statt

_____ sie zu glauben.

> LeuteihrvertrauensierichtigkennenlernenirgendwelchenGerüchtenübersie

  (4)

Die Verabredung
Du kannst die Verabredung von Hannahs
Erscheinen im Lokal bis zu Marcus´
Abgang stufenweise nachvollziehen
(S. 140–143).
Bringe die Stichwörter in die richtige
Reihenfolge und trage sie dann in deine
Abfolge-Grafik ein:

> wartet • wartet • grübelt • M kommt • abwehren • Nische • bestellt •
> Knie • Fall • H flüstert • bewegungslos • Fingerspitzen • fragt •
> Abgang • Rücken • Oberschenkel • befreien • wegstoßen • fordert •
> Stoß • Angst • Schimpfwort

Schreibe dann einen kurzen Bericht über das Geschehen in dein
Heft/Lerntagebuch.

 Literaturseiten „Tote Mädchen lügen nicht" – Bestell-Nr. 14 197 · KOHL VERLAG

(5)   **Die Gäste im Rosie´s**

EA

a) *Wie verhielt sich das restliche Publikum im Lokal, als Hannah Hilfe brauchte (ab S. 141)?*
Finde die richtigen Aussagen. Schreibe sie ins Heft/Lerntagebuch.

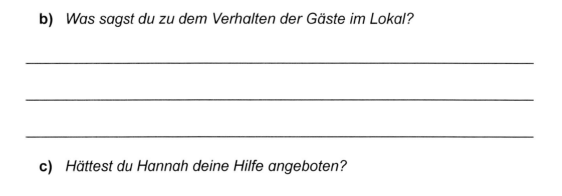

Einige Leute sahen ...	dass sie ...	sich darum ...	einmischen wollten?
Alle ...	ob ich ...	unserer Nische ...	ihre Köpfe ab.
Niemand fragte, ...	in unsere Richtung, ...	sich nicht ...	
Waren sie so höflich, ...		wandten aber sofort ...	
Die Leute wussten, ...	keine Lust ...	weg.	zu kümmern.
Sie hatten aber ...	schauten ...	vor sich ging.	
	dass irgendwas in ...	ein Problem hätte.	

b) *Was sagst du zu dem Verhalten der Gäste im Lokal?*

_____

_____

_____

c) *Hättest du Hannah deine Hilfe angeboten?*

_____

NEIN!

(6)   **„Wenn ein Mädchen NEIN sagt, dann meint es auch NEIN!"**

EA

Nehmt Stellung zu dieser Aussage und entwerft in der Gruppe einen Aufruf dazu, der in der Schülerzeitung oder auch als Plakat Verwendung finden kann. Ihr könnt es auch grafisch aufbereiten.

Literaturseiten „Tote Mädchen lügen nicht" – Bestell-Nr. 14 197

KOHL VERLAG

(7) *Was erfährst du über Clays Gefühle/Verhältnis/Beziehung zu Hannah?*
Ergänze die zweite und dritte Spalte der Tabelle.
Schreibe in dein Heft/in dein Lerntagebuch.

	Was meint Clay?	**Was bedeutet das?**
Make-up?	*Hast du nicht nötig.*	*Du bist auch so attraktiv/schön.*
Schminktipps?	Du hast dich ...?	
Fragebogen?	Ich hätte meinen ehrlich ...	
Ich als Holden Caulfield.	Alle diese Mädchen ...	
Ehrlichkeit	Ich hätte dich ...	
Gespräch	Wir wären vielleicht in ...	
Hannahs Name und Telefonnummer	Wären sie auf meiner Liste gewesen, hätte ich ...	
Abschiedsparty	Seitdem musste ich immer ...	
Kino	Ich tat so als wäre ich ...	
Interesse	Ich war nur an ...	
Trick	Das machte mich ...	
Marcus	Ich knirsche ...	
Jennys Reaktion	Ich hätte ...	
Bauch	Ich presse die Hand gegen den ...	
Gewalt	Heute Abend hätte ich Marcus ...	
Chance	Hier hatte ich die Chance ...	
Hilfe	Ich hätte ...	

(8) **Ein Songtext**
Was bedeutet der Liedtext „You are lost and gone forever, oh my darling, Valentine" für Hannah? (S. 144)

_____

Und was bedeutet er für Clay? (S. 144/145)

_____

 ***Gibt es eine Stelle in diesem Kapitel, die dich besonders berührt hat?***
Scheue dich nicht ein Gefühl zu beschreiben. Notiere es und hebe deine
Notiz auf. Du musst sie niemandem zeigen, darfst aber mit einem
vertrauenswürdigen Menschen darüber sprechen.

_____

_____

Literaturseiten „Tote Mädchen lügen nicht" — Bestell-Nr. 14 197
KOHL VERLAG

Ein neues Schulfach

Welche lebenswichtigen und lebenspraktischen Inhalte kann es haben?
Worüber solltet ihr/wollt ihr sprechen?
Füllt die Mindmap mit euren Vorschlägen, die ihr in der Gruppe besprecht.
Je ausführlicher die Map ist, umso besser.

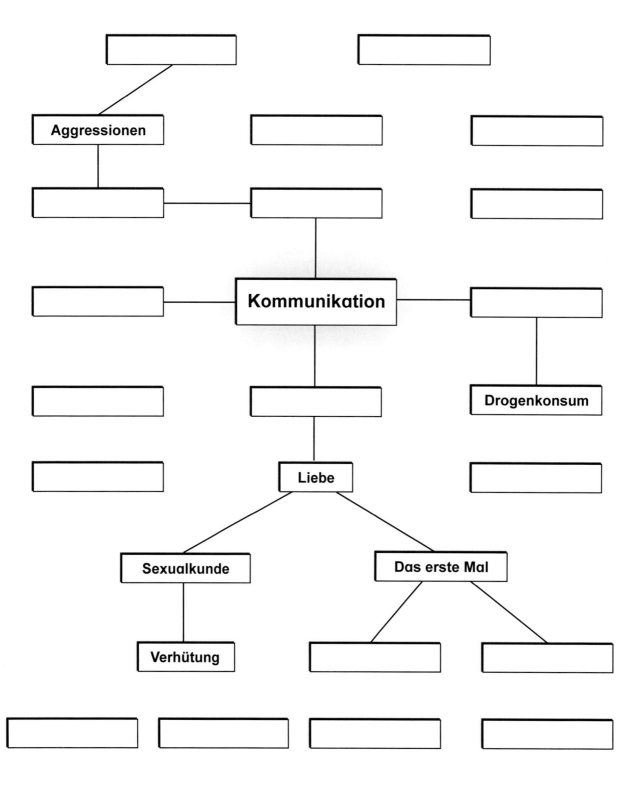

Literaturseiten
„Tote Mädchen lügen nicht" – Bestell-Nr. 14 197

KOHL VERLAG

② Nachrichtentüten

a) *Welche positiven Nachrichten möchtest du jemandem in der Klasse zukommen lassen?*
Du kannst sicher einige (auch mit einem Partner) formulieren.

_____

_____

_____

_____

b) *Übernehmt Mrs Bradleys Tütensytem auch für eure Klasse und versucht mindestens einmal in der Woche eine Nachricht zu verschicken.*
Du schaffst das sicher!
Macht nach drei Wochen einmal eine Bestandsaufnahme.

③ So ging es Hannah nach dem Vorfall im Rosie´s. *(ab S 157)*

a) *Ergänze (mit oder ohne Hilfsleiste)*

Sie blieb einfach _____

Sie starrte _____

Sie tat so als _____

Sie war einem _____

Sie saß _____

Ihr Herz _____

Sie berührte den _____

Sie zwang sich _____

Ihr Blick war starr _____

Sie glaubte den Verstand _____

Sie konnte nicht _____

Sie antwortete_____

Ihr gingen die schlimmsten _____

Als Zach weg war, erwachte _____

Sie belauschte _____

Sie brauchte eine _____

Sie ließ sich die_____

auf das Glas gerichtet • in der Nische sitzen • Fuß ihres Glases • in ihr leeres Milchshakeglas •
zu verlieren • bewegungslos da und dachte nach • zu einem Nicken • würde sie Zach nicht
sehen • reden • Gedanken durch den Kopf • Zusammenbruch nahe • sie aus ihrer Trance •
Veränderung • drohte zu zerspringen • nicht • Zach und seine Freunde kurz •
Haare abschneiden

Literaturseiten „Tote Mädchen lügen nicht" – Bestell-Nr. 14 197

(4) *Wie beurteilst du Hannahs Verhalten?*

_____

_____

_____

_____

(5) **So verhielt sich Zach im Rosie´s.**

Ergänze (mit oder auch ohne Hilfsleiste).

Zach setzte sich _____

Er glotzte sie _____

Er räusperte _____

Er fragte sie, _____

Er sagte, sie _____

Er wollte wahrscheinlich _____

Vielleicht hatte er mit seinen Freunden _____

Er fragte, ob sie einen _____

Zach begriff, dass er nichts aus _____

Er ging zu seinen _____

Er hat sich von ihnen_____

Er beschloss, sich auf_____

> zu Hannah • ob sie okay wäre • unentwegt an • täte ihm leid • sich unüberhörbar •
> bei ihr landen • weiteren Milchshake wollte • Freunden zurück • eine Wette abge-
> schlossen • kindischste Weise an ihr zu rächen • ihr herauskriegen würde •
> aufziehen lassen

  (6) **Vorwürfe, Anschuldigungen** *(S.168/169)*

Hannah glaubte, dass Zach von ihren Selbstmordgedanken wusste.

Was wirft sie ihm vor? *Fülle die Lücken:*

Nur dir _____ . Du hast _____ ,

dass ich _____ . Du musst es

_____ . Einen Tag, nachdem ich dich _____ ,

hat sie ihn _____ .

Einen Tag, nachdem ich den _____ auf dem _____ .

Literaturseiten „Tote Mädchen lügen nicht" – Bestell-Nr. 14 197

KOHL VERLAG

(7) *In der Kommunikationsstunde* (S. 169)

a) Als im Unterricht das Thema Selbstmord angesprochen wurde, bekam Hannah einiges zu hören.
Berichte und verwende folgende Schlüsselwörter:
schwierig, einsam, Noten, zu Hause, wichtig, ernst, Namen.

_____

_____

_____

_____

b) *Besprecht in der Gruppe, was ihr unternehmen würdet, um einer gefährdeten Person zu helfen. Macht Notizen und vergleicht/ergänzt eure Ergebnisse mit denen anderer Gruppen.*
Gestaltet miteinander ein großes Poster.

WIR machen uns GEDANKEN und HELFEN:

(8) Ein Zeichen?
Hannah ließ sich die Haare abschneiden (S. 161). Hast du dafür eine Begründung? Du kannst dich auch mit einem Partner besprechen.

_____

_____

(9) a) *Warum hat Hannah Zach nicht zur Rede gestellt?*
Hätte sie dadurch Schlimmes verhindern können?
Sprecht darüber in der Gruppe.

b) *Schreibe du an Hannahs Stelle Zach eine E-Mail, wenn sie Zach schon nicht selbst zur Rede stellte.*

Gibt es eine Stelle in diesem Kapitel, die dich besonders berührt hat?
Scheue dich nicht ein Gefühl zu beschreiben. Notiere es und hebe deine
Notiz auf. Du musst sie niemandem zeigen, darfst aber mit einem
vertrauenswürdigen Menschen darüber sprechen.

_____

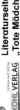

Literaturseiten „Tote Mädchen lügen nicht" – Bestell-Nr. 14 197
KOHL VERLAG

EA **1**

Gedanken
Welche Gedanken gehen einem durch den Kopf, gehen dir durch den Kopf?
Antworte mit Begriffen aus dem Kapitel und ergänze dann mit deinen eigenen.

Nieder_____

Wü_____

Fr_____

Äng_____

Verw_____

Gedankensplitter

Entt_____

Literaturseiten
„Tote Mädchen lügen nicht" — Bestell-Nr. 14 197
KOHL VERLAG

(2)   **Hannahs erstes Gedicht** *(S. 176)*

Hannah schenkt uns ihr erstes Gedicht zur Belustigung oder zum Vergnügen.

 a) *Was sagst du dazu? Was fällt dir auf? Was ist es für ein Gedicht?*
Wie wirkt es auf dich? Wie beurteilst du es?
Schreibe in dein Heft / in dein Lerntagebuch.

b) *Kannst du die Zeilen des Gedichts wieder in die richtige Reihenfolge*
bringen, ohne erst wieder nachzulesen?

Wäre meine Liebe ein Meer	1.
wäre sie eine Wüste	2.
sähe man nichts als Sand	3.
wäre meine Liebe ein Stern	4.
es gäbe kein Land	5.
hoch am Himmelszelt	6.
bis ans Ende der Welt	7.

 c) *Versuche selbst ein Gedicht mit der ersten Zeile zu verfassen.*
Keine Angst, dir fällt sicher etwas ein.
Du musst es niemandem zeigen, kannst es aber tun.

> Wäre meine Liebe ein Meer

  (3)   **„Man kann den Lärm in seinem Kopf nicht zum Stillstand bringen."**

a) *Was meint Hannah mit dieser Aussage?*

_____

_____

b) *Wofür könnte dieser Lärm Anlass gewesen sein?*
Findest du zwei Antworten?

_____

_____

Literaturseiten
„Tote Mädchen lügen nicht" – Bestell-Nr. 14 197

KOHL VERLAG

EA

(4)   „Einsame Seele" Hannahs erstes Gedicht *(S. 189)*

Lies Hannahs Gedicht im Stillen. Halte dir, wenn nötig, dabei die Ohren zu. Vielleicht musst du es ein zweites und drittes Mal lesen, um zu erkennen, worum es geht.
Vielleicht hilft es dir auch, wenn du in Gedanken Satzzeichen setzt und manchmal das Wörtchen __du__ einsetzt.

EA

(5)   Ryans Interpretation *(ab S 186).*
Ryan versteht, was Hannah mit ihrem Gedicht ausdrücken will.
Du kannst das mit eigenen Worten erklären und in dein Heft / in dein Lern-tagebuch schreiben oder folgende Textfragmente zu Hilfe nehmen:

Er sagt, es ginge um A_____ , Hannah möchte von ihrer

M_____ a_____ werden. Sie wolle ihr

E_____ . Außerdem sollte sie ein b_____

J_____ nicht länger ü_____ . Aber im Tieferen

ginge es eigentlich nicht um ihre M_____ oder den J_____ ,

sondern um s___ s_____ . Das Gedicht wäre ein B_____ ,

an sie selbst geschrieben. Geschrieben, weil sie mit sich s_____

nicht z_____ .

Und das Schlimmste: Sie ig_____ sich selbst mehr als der

J_____ sie ignorieren könne.

EA

(6)   Hannahs Gedicht
Lies Hannahs Gedicht noch einmal intensiv, ganz aufmerksam.
Was erkennst du? Was will sie ausdrücken?
Wie hat sie das Gedicht gestaltet?

_____

_____

_____

_____

_____

Literaturseiten
„Tote Mädchen lügen nicht"   –   Bestell-Nr. 14 197
KOHL VERLAG

(7) Mein Gedicht

a) *Versuche dich selbst an einem Gedicht. Du könntest ebenfalls jemanden zum Ansprechpartner machen. Das Gedicht muss nicht traurig sein. Auch dein Titel kann ein anderer sein als vorgeschlagen.*

> DU

b) *Wenn du möchtest, kannst du dein Gedicht auch der Klasse oder einer vertrauten Person vorlesen. Ihr könnt darüber diskutieren. Du kannst auch erklären, wie du das Gedicht gebaut hast.*

(8)

Beurteile Ryans Verhalten. Warum war es so schlimm für Hannah? Schreibe als Antwort einen kurzen Text mit eigenen Worten in dein Heft/in dein Lerntagebuch oder ergänze den Lückentext (mit oder ohne Hilfsleiste).

Ryan hat ihr das Gedicht _____ , es ohne ihre _____

in der Schülerzeitung abgedruckt. Er hat das Gedicht und ihre ureigensten

Gedanken der _____ preisgegeben. Die anderen haben

sich darüber _____ gemacht, es _____ und

_____ darauf geschrieben.

Und das Schlimmste war, sie konnte sich nach Tylers _____

nicht nur zu Hause nicht mehr _____ fühlen, sondern auch in

der _____ nicht mehr.

> Schule • gestohlen • lächerlich • Parodien • Erlaubnis • zerpflückt •
> Lächerlichkeit • Fotoangriffen • sicher

Literaturseiten „Tote Mädchen lügen nicht" – Bestell-Nr. 14 197
KOHL VERLAG

9 **Zitat Seite 173**

> „Hättet ihr gerne die Fähigkeit, die Gedanken
> der anderen hören zu können?"

Was spricht dafür, was dagegen? Besprecht euch in der Klasse.

PRO	KONTRA

Gibt es eine Stelle in diesem Kapitel, die dich besonders berührt hat? Scheue dich nicht ein Gefühl zu beschreiben. Notiere es und hebe deine Notiz auf. Du musst sie niemandem zeigen, darfst aber mit einem vertrauenswürdigen Menschen darüber sprechen.

_____

_____

Literaturseiten „Tote Mädchen lügen nicht" – Bestell-Nr. 14 197

KOHL VERLAG

① Clay steigt zu Tony ins Auto.
Rekonstruiere das Gespräch der beiden. Setze die richtige Nummer ein.

☐ **1** Steig ein, Clay!

☐ Wovon redest du?

☐ Mach die Tür zu!

☐ Wo willst du hin?

☐ Ist schon okay.

☐ Mach einfach die Tür zu.

☐ Vom zweiten Satz der Kassetten.

☐ Was hast du da drinnen gehört?

☐ Wie meinst du das?

☐ Du bist die neunte Person, der ich folgen musste.

☐ Keine Sorge.

☐ **2** Ist alles in Ordnung?

☐ Kalt draußen.

☐ Hannah hat nicht geblufft. Ich habe sie.

☐ Es ist okay, Clay!

☐ Ganz ehrlich. Welche Kassette?

☐ Oh nein!

☐ Welche Kassette?

☐ Ryan. Das Gedicht.

② Hannahs Gefühle
Welche Textstellen zeigen ihre Gefühle Clay gegenüber?

S. 204: Es hätte jede x-beliebige Party sein können ... wäre ... ✎ _____

_____

Ich war schließlich nur _____

So vieles, worüber ich _____

S. 205: Ich konnte es nicht _____ Da standst du plötzlich, wie

_____

S. 207: Alles, was ich mir erhofft hatte, _____

Und nicht eine Frage _____

Und ich wollte, dass er mich _____

Ich hatte das Gefühl, dass _____

Dass du alles verstehst, was _____

S. 208: Wenn wir doch nur früher _____

S. 209: Zum ersten Mal fühlte ich mich _____

Du warst genau _____

Dann habe ich dich _____

S. 211: Es war wundervoll, als _____

S. 212: Was mich betraf, ich _____

Literaturseiten „Tote Mädchen lügen nicht" – Bestell-Nr. 14 197

KOHL VERLAG

Clays Gefühle
Wie reagiert Clay auf Hannahs Botschaften?
Füge die Satzanfänge und -enden zusammen.

1	Meinen Namen aus ihrem Mund zu hören, reicht aus, ...	a	... das ich je gesehen habe.
2	Es würde mir besser gehen, ...	b	... fühlte ich mich total überrumpelt.
3	Angst, dass du ...	c	... verlor ich die Nerven.
4	Als Hannah plötzlich durch die Eingangstür kam, ...	d	... mit dir zu reden.
5	Ich würde nur ...	e	... es niemals endet.
6	Doch als sie plötzlich vor mir stand, ...	f	... um meinem Herzen einen Stich zu versetzen.
7	Es war das zauberhafteste Lächeln, ...	g	... mich zurückhalten.
8	Ich wärme mich ...	h	... wenn ich das alles nie gehört hätte.
9	Meine Hände schließen sich um meine Ohren, ...	i	... an ihrer Stimme.
10	Und ich wollte, dass ...	j	... mich abblitzen lässt.
11	Ich habe es geliebt, ...	k	... Augen für sie haben.
12	Ich hatte gehofft, du würdest ...	l	... als könnte ich die Worte damit festhalten.

1	2	3	4	5	6	7	8	9	10	11	12

Schreibe in dein Heft/dein Lesetagebuch:

Clays Platz auf der Liste
Erkläre nun mit eigenen Worten, warum Clay ebenfalls auf einer Kassette erscheint.

Schreibe eine kleine Liebesgeschichte, die am Ende ein Happy End hat.

Gibt es eine Stelle in diesem Kapitel, die dich besonders berührt hat? Scheue dich nicht ein Gefühl zu beschreiben. Notiere es und hebe deine Notiz auf. Du musst sie niemandem zeigen, darfst aber mit einem vertrauenswürdigen Menschen darüber sprechen.

_____

_____

Literaturseiten „Tote Mädchen lügen nicht" – Bestell-Nr. 14 197
KOHL VERLAG

Justin und Jessica
Kläre kurz die Szene mit den beiden. Wie verhält sich Justin?

✎ _____

_____

_____

In dem Suchsel findest du 13 Schlüsseladjektive, mit denen du nacherzählen kannst, wie Hannah die Szene mit Justin und Jessica erlebt hatte.
Schreibe in dein Heft/dein Lesetagebuch.

u	n	b	e	m	e	r	k	t	x	x	x	x	x	x	x	x	x	x
x	x	x	x	x	x	x	v	o	y	e	u	r	i	s	t	i	s	c	h
x	x	a	b	s	i	c	h	t	l	i	c	h	a	x	x	x	c	x	x
x	x	x	x	e	x	x	x	a	x	x	x	x	n	x	x	x	h	x	x
x	b	x	x	x	t	e	i	l	n	a	h	m	s	l	o	s	w	x	x
b	e	t	r	u	n	k	e	n	x	x	x	x	t	x	x	x	e	x	x
x	w	x	x	e	i	n	s	e	i	t	i	g	ä	x	x	x	r	x	x
x	u	x	x	l	x	x	x	x	x	x	x	x	n	x	x	x	f	x	x
x	s	x	x	l	x	x	x	x	x	x	x	x	d	x	x	x	ä	x	x
x	s	x	x	x	x	x	r	o	m	a	n	t	i	s	c	h	l	x	x
x	t	x	x	x	x	x	x	x	x	x	x	x	g	x	x	x	l	x	x
x	l	x	x	x	x	x	x	x	x	x	x	x	x	x	x	x	i	x	x
x	o	x	x	x	x	x	x	x	x	x	x	x	g	e	w	a	g	t	x
x	s	x	x	x	x	x	x	x	x	x	x	x	x	x	x	x	x	x	x
x	x	x	x	x	x	x	x	x	x	x	x	x	x	x	x	x	x	x	x

Beurteile Justins Verhalten im Zimmer mit Jessica und vor der Tür mit dem anderen Jungen.

_____

_____

_____

_____

_____

Literaturseiten „Tote Mädchen lügen nicht" – Bestell-Nr. 14 197

KOHL VERLAG

 (4)   *Warum griff Hannah nicht ein und half dem Mädchen? Schildere ihren Gemütszustand.*

 (5)   *„Das Mädchen hatte zwei Chancen", sagte Hannah. Welche waren dies?*

_____

 (6)   *Was sagst du zu Hannahs Verhalten? Kannst du sie verstehen?*

_____

_____

 (7)   *Wie hättest du dich verhalten? Sei ehrlich!*

 (8)   *In welcher Verfassung traf Hannah Justin an? (S. 225)*

 (9)   *Warum hat Justin seinen Freund nicht von der Tat abgehalten? (S. 227)*

 (10)   *In welcher Verfassung befand sich Clay beim Anhören der Kassette?*

    Gibt es eine Stelle in diesem Kapitel, die dich besonders berührt hat? Scheue dich nicht ein Gefühl zu beschreiben. Notiere es und hebe deine Notiz auf. Du musst sie niemandem zeigen, darfst aber mit einem vertrauenswürdigen Menschen darüber sprechen.

_____

_____

Lernen mit Verlag
KOHL VERLAG
Literaturseiten
„Tote Mädchen lügen nicht" – Bestell-Nr. 14 197

(1)   Das Geschenk

a) *Hannah schenkt Tony ihr Fahrrad.*
Für Clay wäre dies ein Zeichen gewesen. Erkläre diese Aussage (S: 230).

_____

_____

_____

b) *Was hättest du getan, wenn du gewusst hättest, was Clay wusste?*

_____

(2)   *Hätte Hannah Tony ihre Absicht und ihren Entschluss mitgeteilt, wenn er ihr mehr zugesetzt hätte?*

_____

(3)   Tonys Aufgabe
Wie hat Tony den Auftrag, den Hannah ihm erteilte, erledigt?

_____

_____

(4)   Dankbarkeit
Hannah war dankbar wie ihr Jenny gegenübertrat und sie behandelte.
Ergänze Hannahs Aussagen.

Du hast kein _____ gesagt, Jenny, und mir keinerlei _____

gestellt. Du hast mich zu deinem Auto _____ , Jenny. Und obwohl

ich mit den _____ ganz woanders war und mein _____

ins Leere ging, habe ich deine _____ wahrgenommen. Wie

_____ du meinen Arm _____ hast, während

ich auf dem _____ Platz genommen hatte. Du hast mich

_____ , hast dich hinter das _____ gesetzt

und bist _____ .

Literaturseiten „Tote Mädchen lügen nicht"   –   Bestell-Nr. 14 197

KOHL VERLAG

(5)

Der Unfall

Beschreibe das Unfallgeschehen mit folgenden Schlüsselwörtern,
die du aus der Wörterschlange herauslöst.
Schreibe den Bericht in dein Heft oder Lerntagebuch.

> regenschleiervorderradbordsteinkantebürgersteigholzpfahlstopp-
> schildbremseseitenspiegelfunkenwindschutzscheibewischerblätter

 (6)

Das Streitgespräch

a) *Hannah möchte Jenny an der Weiterfahrt hindern.*
Schreibe das Gespräch auf. Nicht alle wörtlichen Reden sind im Buch
wiedergegeben; die musst du selbst schreiben.

Hannah	Jenny
	Verdammte
Zieh den Du kannst doch	
	Hannah, ich bin nicht
Das kann ja sein, aber warum konntest du	
	Es
Ja, natürlich Aber lass` den	
	Bleib ganz Wir wohnen doch Was soll schon
	Mach dir keine S Auf Stoppschilder achtet Alle fahren Und jetzt ist das an Die Leute werden mir
Lass das Auto bitte Andere Partygänger können uns Gleich morgen früh werde ich dich	
	Hör zu,
Lass ihn	
	Steig bitte
Sei doch froh, dass es nur Stelle dir vor es wäre Was soll denn noch passieren, wenn du	
	Steig
	Hannah,
Also gut. Darf ich einmal	
	Warum
Wir müssen zumindest jemandem	
	Sie können es Sie können prüfen, woher Mach die
Mach ich	

Literaturseiten
„Tote Mädchen lügen nicht" – Bestell-Nr. 14 197

KOHL VERLAG

(7) Spiele das Streitgespräch zwischen Hannah und Jenny situationsgerecht und mit Dramatik mit einem Partner.

  (8) Warum hat dieses Geschehnis die Zukunft beeinflusst?

_____

_____

_____

  (9) Mache Vorschläge, wie der zweite Unfall hätte vielleicht verhindert werden können.
Berate dich mit einem Partner. Besprecht eure Ergebnisse in der Klasse.

_____

_____

_____

 **Gibt es eine Stelle in diesem Kapitel, die dich besonders berührt hat? Scheue dich nicht ein Gefühl zu beschreiben. Notiere es und hebe deine Notiz auf. Du musst sie niemandem zeigen, darfst aber mit einem vertrauenswürdigen Menschen darüber sprechen.**

_____

_____

_____

_____

_____

_____

_____

Literaturseiten „Tote Mädchen lügen nicht" – Bestell-Nr. 14 197

 KOHL VERLAG

EA

① Aufgabe – jemand gibt auf.

Hannah spricht offen über ihre Selbstmordgedanken.
Notiere einige Stichpunkte dazu, die dir wichtig sind.

✎ _____

_____

_____

_____

EA

② Erinnerungen

Erinnere dich an einige Personen und beantworte Hannahs Frage,
was sie bei ihrer letzten Begegnung getan hätten.
Besprich dann mit einem Partner, wieso du dich gerade daran erinnerst.

_____

_____

_____

EA

③ Bryce und Hannah

Beschreibe Hannahs Gefühle und Gedanken, als Bryce zudringlich ist.

_____

_____

_____

EA

④ *Clay nennt den Grund, warum Hannah sich Bryce nicht widersetzt (S. 257).*

Du wolltest, dass _____

Du wolltest deinen _____

Literaturseiten „Tote Mädchen lügen nicht" – Bestell-Nr. 14 197

KOHL VERLAG

(5) Clay

In welchem Bad der Gefühle befindet sich Clay, als er von Hannahs Entschluss und Erlebnis erfährt?

Mache dir Notizen und besprich dich mit einem Partner.

CLAY

Gibt es eine Stelle in diesem Kapitel, die dich besonders berührt hat? Scheue dich nicht ein Gefühl zu beschreiben. Notiere es und hebe deine Notiz auf. Du musst sie niemandem zeigen, darfst aber mit einem vertrauenswürdigen Menschen darüber sprechen.

_____

_____

_____

_____

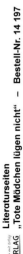

Literaturseiten „Tote Mädchen lügen nicht" – Bestell-Nr. 14 197

KOHL VERLAG

  1
EA

Sprechstunde: Hannah bei Mr Porter
Finde die richtige Textstelle und ergänze.

➲ So ist er: Seine Stimme klingt dumpf, aber _____ .

➲ Fragt nach und bietet etwas an: Wie _____?
  Möchtest du _____?

➲ Er stellt eine gute Atmosphäre her: Also, Hannah, was _____?
  Worüber _____?

➲ Er beruhigt sie: Kein _____ , _____ .
  Wir haben _____ .

➲ Er gibt ihr Hilfestellung zum Erzählen:
  Du musst nicht _____ .
  Vielleicht fangen wir damit an, wie _____ .

➲ Er ist erstaunt: Du willst doch nicht erzählen, dass _____
  _____ ?

➲ Er definiert *Freund*: Das ist jemand, an _____ .

➲ Er bestärkt sie: Ich bin froh, dass _____ .

➲ Er verstärkt dies noch: Ich bin _____ , _____
  _____ .

➲ Er bringt sie zum Lachen: Hier: Nimm das. Eine ganze _____
  _____ .

2
EA

Das Prinzip Hoffnung

a) *Hannah verlässt Mr Porters Büro.*

Schreibe Hannahs Aussagen in der richtigen Reihenfolge in die Grafik.

HOFFNUNG?

HANNAH

Hannah: Niemand springt mir zur Seite. Jetzt weiß ich Bescheid. Ich gehe den Flur hinunter. Es tut
mir leid. Seine Tür bleibt geschlossen. Er kommt mir nicht hinterher. Er hat mich gehen lassen.

Literaturseiten „Tote Mädchen lügen nicht" – Bestell-Nr. 14 197 · KOHL VERLAG

Ergänze die beiden Sprichwörter:

Die Hoffnung _____ !

Noch ein Fünkchen _____ !

Weitere Sprichwörter, Redensarten findest du im Internet. Suche einige und besprich sie mit deinem Partner.

_____

_____

_____

_____

„Es tut mir leid!"
Hannah sagt diese Worte und Clay hört sie. Was denkt er dabei?
Formuliere mit eigenen Worten oder ergänze die Lücken.

Und wann immer ich sie in _____ höre, werde ich _____

_____ . Doch einigen _____ werden sie nicht über

_____ kommen. Einige werden ihr nicht _____ ,

dass sie sich _____ und anderen die _____

gegeben hat. Ich hätte _____ , wenn sie es _____

_____ . Ich hätte ihr _____ , weil ich _____ , dass sie

_____ .

Hoffnung – ein Gedicht

Da Hoffnung etwas Wichtiges, Schönes ist, kannst du ein Gedicht dazu verfassen. Du weißt, dabei hast du keine Regeln zu beachten.
Schreibe in dein Heft / in dein Lerntagebuch.

Gibt es eine Stelle in diesem Kapitel, die dich besonders berührt hat?
Scheue dich nicht ein Gefühl zu beschreiben. Notiere es und hebe deine
Notiz auf. Du musst sie niemandem zeigen, darfst aber mit einem
vertrauenswürdigen Menschen darüber sprechen.

_____

_____

Literaturseiten
„Tote Mädchen lügen nicht" – Bestell-Nr. 14 197

KOHL VERLAG

EA

(1) *Wenn du möchtest, kannst du zu der Situation eine Bleistiftskizze anfertigen. Vergleicht eure Ergebnisse anschließend miteinander.*

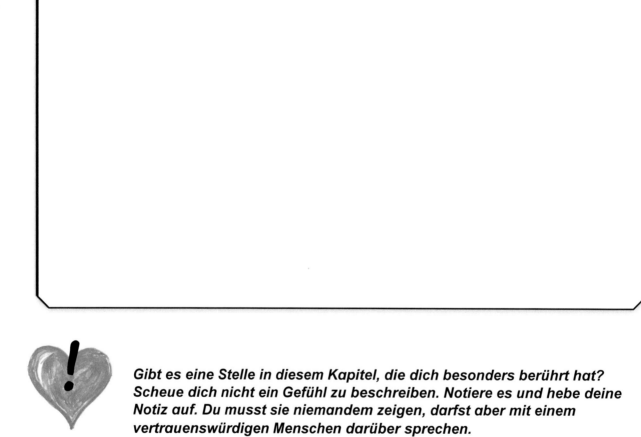

Gibt es eine Stelle in diesem Kapitel, die dich besonders berührt hat? Scheue dich nicht ein Gefühl zu beschreiben. Notiere es und hebe deine Notiz auf. Du musst sie niemandem zeigen, darfst aber mit einem vertrauenswürdigen Menschen darüber sprechen.

Literaturseiten „Tote Mädchen lügen nicht" – Bestell-Nr. 14 197

KOHL VERLAG

1 Fertige zu Clay ein Cluster an.
Übernimm Stichwörter aus dem Schlusskapitel.

Zusammenbruch

Hannahs Stuhl

Clay

Skye

2 Gib das letzte Kapitel mit eigenen Worten wieder. Schreibe in dein Heft / dein Lerntagebuch. Die Textsorte kannst du selbst bestimmen.

Gibt es eine Stelle in diesem Kapitel, die dich besonders berührt hat? Scheue dich nicht ein Gefühl zu beschreiben. Notiere es und hebe deine Notiz auf. Du musst sie niemandem zeigen, darfst aber mit einem vertrauenswürdigen Menschen darüber sprechen.

_____

_____

_____

_____

Literaturseiten
„Tote Mädchen lügen nicht" – Bestell-Nr. 14 197
KOHL VERLAG

EA

*Nachdem du das Buch gelesen hast, kannst du noch einmal zusammenfassen,
wie die einzelnen Personen in das Geschehen eingebunden sind.*

Justin Foley	Alex Standall	Jessica Davis
Tyler Down		Courtney Crimsen
Marcus Cooley	**HANNAH**	Zach Dempsey
Ryan Shaver		Clay Jensen
Bryce Walker	Jenny Kurtz	Mr Porter

Jetzt kannst du auch spezielle Kapitelüberschriften finden.
Schreibe sie auf die Kassetten von Kapitel 3, Aufgabe 1 im Vorderteil.

Literaturseiten
„Tote Mädchen lügen nicht" – Bestell-Nr. 14 197
KOHL VERLAG

1 *Einige Stellen in diesem Buch haben mich besonders berührt.
Dazu habe ich einige Gedanken notiert und fasse sie zu einer
kleinen Geschichte zusammen:*

21 Meine Meinung zu dem Buch

Zu dem Buch findet man auch im Internet die verschiedensten Beurteilungen und Meinungen.

Was kannst du unterstützen, was nicht? Kreuze an.

Tote Mädchen lügen nicht	Stimme zu	Stimme nicht zu
Das Buch hat mich vom Äußeren her direkt angesprochen.		
Die Farbe des Covers sticht heraus und zieht einen an.		
Man muss das Buch einfach nehmen und anlesen, wenn es vor einem liegt.		
Auf Grund des Covers habe ich einen blutigen Thriller erwartet.		
Der Inhalt ist unblutig und regt zum Nachdenken an.		
Eine leicht und flüssig zu lesende Geschichte.		
Es fiel mir schwer im Lesen anzuhalten.		
Eine spannende Erzählung.		
Ich bin begeistert.		
Die Geschichte hat mich bis ins Mark berührt.		
Beim Lesen ist mehr als nur einmal eine Träne herunter gerollt.		
Ich kann mitfühlen und nachvollziehen, was passiert ist.		
Hannahs Leben, mal schrecklich, mal traurig, mal schön breitet sich vor einem aus.		
Hannah ist mal gehässig, mal liebenswürdig und mal nachdenklich.		
Man kann sich in Clays und in Hannahs Situation hineinversetzen.		
Ich konnte Hannah verstehen.		
Viel Gefühl wird dargelegt. Das macht die Geschichte so realistisch.		
Beim Lesen war ich einige Male richtig geschockt.		
Mich hat das Buch eigentlich gefesselt, obwohl mir die eine oder andere Geschichte besser gefallen hat.		
Manche Teile waren für mich etwas zu langatmig.		
Ich glaube, dass ihr Selbstmord hätte verhindert werden können.		
Viele Stellen haben mich traurig gemacht.		
Jede der Geschichten musste ich zuerst zu Ende lesen, bevor ich was anderes machen konnte.		

Literaturseiten „Tote Mädchen lügen nicht" – Bestell-Nr. 14 197

KOHL VERLAG

Tote Mädchen lügen nicht	Stimme zu	Stimme nicht zu
Hannah Bakers Geschichte zeigt, was aus einem kleinen unbedeutenden Gerücht passieren kann.		
Ich habe teilweise ganz schön schlucken müssen.		
Die Geschichte hatte auf mich eine sehr beklemmende Wirkung.		
Ich habe mir oft gewünscht Hannah in den Arm zu nehmen, ihr einfach zuzuhören und ihr ein bisschen von ihrem Schmerz abzunehmen.		
Kein anderes Buch brachte mir das Thema Mobbing gefühls-intensiver und authentischer näher.		
Ein Mahnmal für alle, die wissen sollten, wie schmerzhaft ein Wort sein kann, oder ein Blick, eine kleine Geste.		
Ich halte die Geschichte für spannend, sie regt zum Nachdenken an, hat Tiefgang.		
Ich konnte nicht aufhören zu lesen. Innerhalb einer Nacht war ich durch damit. Es hat mich so gefesselt, dass ich nicht aufhören konnte. Danach war es einfach nur still um mich. Ich konnte nicht aufhören über dieses Buch nachzudenken.		
Sehr erschreckend, wie Gerüchte entstehen und was für Folgen sie haben können.		
Die Erzählweise ist unglaublich mitreißend und packend. Dieses Buch frisst einen förmlich auf.		
Ein tolles Buch, so spannend, ich bin fast versucht zu sagen, das sollten lieber etwas ältere Jugendliche zu hören bekommen.		

EA

(2) *Schreibe auf, was du **noch** zu dem Buchinhalt meinst. Sag es frei heraus.*

🖉 _____

_____

_____

_____

_____

_____

_____

Literaturseiten „Tote Mädchen lügen nicht" – Bestell-Nr. 14 197

KOHL VERLAG

Schreibe jetzt eine Buchbesprechung für die Schülerzeitung, indem du alles, was das Buch betrifft, zusammenfasst. Schreibe in ganzen Sätzen.

_____

_____

_____

_____

_____

_____

_____

_____

_____

_____

_____

_____

_____

_____

_____

_____

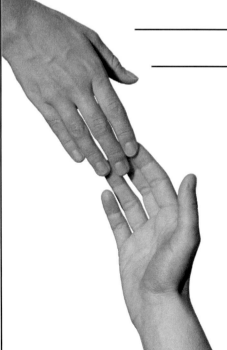

Literaturseiten
„Tote Mädchen lügen nicht" – Bestell-Nr. 14 197

KOHL VERLAG

(1) *Gestalte einen Nachruf oder eine Todesanzeige für Hannah, in die du all dein Wissen und deine Gefühle einbringen darfst. Du kannst auch Symbole verwenden, die die Aufmerksamkeit auf die Anzeige lenken.*
Die Anzeige kann und soll die Leser durchaus aufrütteln!

  (2) *Gestalte einen Aufruf gegen Mobbing, für Verständnis und Menschlichkeit.*

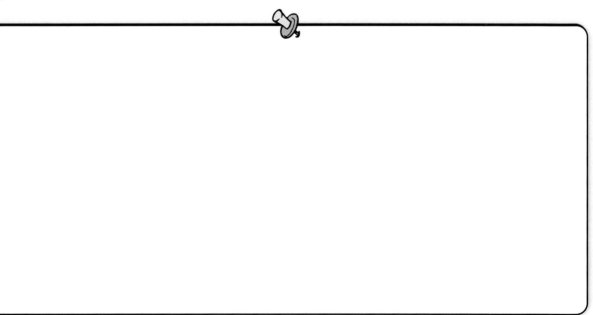

  (3) *Vergleicht und besprecht eure Ergebnisse. Wenn du möchtest, hefte deine Ergebnisse an eine Pinnwand im Klassenzimmer.*

Literaturseiten
„Tote Mädchen lügen nicht" – Bestell-Nr. 14 197
KOHL VERLAG

 Hannah und Clay

Versetze dich in eine der beiden Rollen.

a) *Hätte **Hannah** Clay früher gesagt, wie sie für ihn fühlt, wäre vielleicht vieles anders gekommen.*

*Wie hätte ein Liebesbrief, eine Liebeserklärung an ihn aussehen können? Schreibe ihn in dein Heft / in dein Lesetagebuch.
Du darfst ihn auch verzieren.*

b) *Hätte **Clay** Hannah früher gesagt, wie er für sie fühlt, wäre vielleicht vieles anders gekommen.*

*Wie hätte ein Liebesbrief, eine Liebeserklärung an sie aussehen können? Schreibe ihn in dein Heft / in dein Lesetagebuch.
Du darfst ihn auch verzieren.*

 *Schreibe einen neutralen Polizeibericht und / oder einen reißerischen Zeitungsaufmacher oder einen objektiven Zeitungsbericht.
Vergleicht eure Arbeiten miteinander.*

Literaturseiten
„Tote Mädchen lügen nicht" – Bestell-Nr. 14 197
KOHL VERLAG

1 Vor dem Lesen

1.
- **a)** Individuelle Eindrücke und Aussagen wie: beeindruckende, einprägsame Farben, zieht Aufmerksamkeit auf sich, Kombination von Farben, Schrift und Zahl
- **b)** schwarz, dunkelrot, giftgrün
- **c)** Aufmerksamkeit haschend, Signalfarben
- **d)** Erledigung einer Aufzählung
- **e)** Hat die Form einer Stele, eines Kreuzes?
- **f)** Er weist auf eine Verstorbene, einen Mord, Selbstmord, vielleicht mehrere Mädchen, mehrere Täter hin. Man erwartet einen Krimi, einen Thriller, eine Problemgeschichte.
- **g)** Nacherzählung des Inhalts und der Pressestimmen.
- **h)** Davon werde ich mich überzeugen.
- **i)** „13 Reasons Why" = dreizehn Gründe warum (etwas geschah); der englische Titel verrät noch weniger als der deutsche.
- **j)** Jeder gibt seine persönliche Meinung wieder
- **k)** Tote Mädchen können nichts mehr sagen, auch nicht lügen. Also hat vielleicht der Autor einen Kunstgriff angewandt.
- **l)** Das WHY im englischen Titel weist auf Gründe hin, die zu der Tat geführt haben.

2 Das Paket

2. Wahre Aussage: Clay geht es nicht gut.

3. Augenbraue, Pochen, Schlaf, Augen, Schlucken, linken Augenbraue, Kopf, schluckt, säuerlich, Kehle, Zusammenbruch, zusammenbrechen, Bürgersteig sinken, Büsche kriechen

4. Musstest du deine Entscheidung von Nr. 1 revidieren? Nein.

5. Clay, Jenny, Mr Porter

3 Gestern – eine Stunde nach Schulschluss

1. Beschriftung der Kassetten nach dem Lesen des jeweiligen Kapitels.

4 Kassette 1: Seite A

1.
- **a)** Dass sie die Wahrheit sagt und alles, was sie erzählt, keinen Widerspruch verträgt.
- **b)** Hannah soll eine Schlampe sein, mit Justin soll mehr passiert sein als nur ein Kuss.
- **c)** Ein Gerücht beginnt klein und es wird immer mehr dazu gedichtet, also Unwahres dazu erfunden.
- **d)** Hannahs Anschuldigung ist wahr. Er hat das Gerücht ja auch gehört.
- **e)** Justin gibt an und handelt aus enttäuschter Eitelkeit.
- **f)** Er müsste sich eigentlich schuldig fühlen. Justins Verhalten ist mit ein Grund für Hannahs Selbstmord, ein kleiner Baustein vielleicht.

2. Ist Hannah zu „dünnhäutig"? Das möchte man an dieser Stelle wohl annehmen.

3. Etwas wurde größer gemacht als es ist.

4. Clays innere Zerrissenheit wird mit Textstellen untermauert.

5. Gewissenserforschung. Vielleicht gibt jemand in der Klasse eine Situation preis.

6. Individuelle Aussagen und Beispiele.

7. „Stille Post" gibt Aufschluss über eigene Erfahrungen.

Literaturseiten „Tote Mädchen lügen nicht" – Bestell-Nr. 14 197

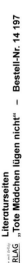

5 Kassette 1: Seite B

1. höre zu, tue an, reiße aus, schmeiße in, schlucke, brennen in, Hannahs Stimme, was, den Bändern, hören, belastet, kein Trick, zweiter Satz, Öffentlichkeit, jedenfalls gesagt, anhören

2.

1	2	3	4	5	6	7	8	9	10	11	12	13	14
h	k	l	b	f	d	n	c	j	a	m	e	i	g

3. Sie nennt keinen Namen. *„Ich weiß noch genau, wer es war. Aber es war nur einer der vielen Schwachköpfe, die mir in all den Jahren über den Weg gelaufen sind. Vielleicht sollte ich sie einfach alle beim Namen nennen. Aber im Rahmen deiner Geschichte, Alex, war sein Verhalten – sein widerwärtiges Verhalten – nur eine Folge deines Verhaltens."*
Auf dieser Kassette geht es nicht darum, warum sich Alex so verhalten hatte, es geht um das, was aus seinem Verhalten, aus der Liste, wurde. Es geht um etwas, das er nicht geplant hatte und was er auch gar nicht planen konnte.

4. Sie schlägt mit einer raschen Armbewegung die Hand beiseite.

5. Jedes Mädchen sollte mit einer raschen Armbewegung die Hand eines aufdringlichen Mannes beiseite schlagen können.

6. Beleg mit Textstellen S. 53.

7. Es reißt ihm förmlich ein Loch in seine Magengrube.

8. Auch er hat ein Mädchen auf ein Merkmal reduziert, das auf der Liste stand: beste Lippen. Vorher interessierte sie ihn nicht, nach Lesen der Liste faszinierten ihn Angelas Lippen.

9. Nein; sie war sauer. Typ ist arrogant, er sagt, sie solle sich nicht aufregen.

10. Lass sie in Ruhe! Und: Wenn du jemanden lächerlich machst, dann bist du auch verantwortlich dafür, wie sich andere dieser Person gegenüber verhalten!

11. Mit diesen Sprichwörtern wird verdeutlicht, dass aus einer unbedachten Äußerung / Unwahrheit ein Gerücht entstehen kann, das großen Schaden anrichtet.

6 Kassette 2: Seite A

1. mit Hannahs Tod zu tun haben; auf den Gängen Hannahs Namen hörte; nervös und fast krank aus; er die Antwort auf seine Fragen; vom Gegenteil überzeugt werden; Gesicht von Schmerz erfüllt war; er Angst hatte?; auf Hannahs Tisch; fast durch ihn hindurch; nicht wieder in die Schule; mehr als ihm lieb war!

2. Eine Oase, in der drei junge Menschen froh darüber waren
– nicht alleine die Mittagspause verbringen zu müssen, – nicht allein durch die Flure streifen zu müssen, – sich nicht verloren fühlen zu müssen, – sich austauschen zu können, wenn sie etwas auf dem Herzen hatten, – über alles reden zu können.

3. Wenn jemand von den dreien etwas auf dem Herzen hatte, wer den anstrengendsten Tag hinter sich hatte, der legte seine Hand auf den Tisch und die anderen legten jeweils ihre darüber. Nach dem Leitspruch „Einer für alle – alle für einen" hörten sie einander zu.

4. Wer sagt was? Hannah: 2, 3, 4, 6, 8, 9, 10, 11; Jessica: 1, 5, 7

5. Wahrscheinlich „Schlampe" oder ein anderes Schimpfwort.

6. Es ist traurig, dass sie auf Grund eines Gerüchts eine gute Beziehung aufgibt und der anderen nicht glaubt und vertraut.

7. Das ist der Spiegel, der sie jeden Tag an das Ereignis erinnert.

8. Für Clay sah der Kratzer sogar süß aus, er war ein winziger Makel in einem hübschen Gesicht. Für Hannah war er aber mehr; es war ein Schlag in ihr Gesicht, wie ein Messer in ihrem Rücken.

9. Eine „Freundschaft" ist zerbrochen. Hannahs Glaube an Freundschaft hat einen riesigen Knacks bekommen.

10. Der Kratzer ist eine kleine äußerliche Wunde, die eine Narbe hinterlässt; aber die meisten Verletzungen, die andere einem zufügen, hinterlassen Narben im Inneren, die niemand sieht, die einen aber stets belasten und sein Leben mitbestimmen. Die kann man nie vergessen.

Literaturseiten „Tote Mädchen lügen nicht" – Bestell-Nr. 14 197

KOHL VERLAG

11. Und ihr alle – habt ihr die Narben gesehen, die ihr geschlagen habt? Nein, bestimmt nicht!

12. Clay meint: „Wie sollten wir?". Wie sollten die Angesprochenen erkennen, wie verletzt Hannah war, was sie berührte und bewegte?

7   Kassette 2: Seite B

4.   **a)** Aber das Gefühl, von dir beobachtet zu werden, Tyler, hat mich nie verlassen.
     b) Unser Haus. Mein Zimmer. Dort habe ich mich sicher gefühlt.
     c) Doch du hast mir diese Sicherheit genommen.

6.   **a)** Wie **wichtig** ist dir deine persönliche **Sicherheit**?
     b) Was bedeutet **dir** deine **Privatsphäre**?

7. Das Sprichwort wurde zuerst als *An Englishman's home is his castle* bekannt und fand vor allem als *My home is my castle* seinen Platz auch im Deutschen. Man will damit ausdrücken, dass alles, was in den eigenen vier Wänden stattfindet, niemanden etwas angeht, dass die Privatsphäre für alle anderen tabu ist.

8   Kassette 3: Seite A

1.   **a)** „Hannah, warte!", hast du gesagt. „Wie geht es dir?"
     b) Dein Lächeln, deine Zähne ... makellos.
     c) Jedes Mal wenn sich unsere Blicke ... und du schnell woanders hingeschaut hast ...
     d) Du hast deinen Kopf auf die Seite gelegt, mich angelächelt, und ... sogar geblinzelt.
     e) So ist Courtney! Sie flirtet mit jedem und niemand kann ihr widerstehen.
     f) Dir wird einfach so viel Bewunderung entgegen gebracht.

2.   **a)** Clay sieht, dass die Scheibe von Tylers Zimmer geborsten ist. Hat jemand von der Liste den Stein geworfen? Auf einmal taucht ein Mitschüler auf. Marcus Cooley. Der Junge hält einen Stein in den Händen. Er bietet Clay den Stein an. Davor hatten schon zwei andere einen Stein geworfen. Alle vier wissen über Tyler Bescheid. Alex war der erste Steinwerfer. Es war Alex' Idee den Stein zu werfen. Clay möchte aber keinen Stein werfen. Clay ist entrüstet wegen des Verhaltens der anderen Jungs.

     b)

CLAY	**MARCUS**
nimmt Stein in die Hand	bietet Clay einen Stein an
Stimme zittert	fordert zum Werfen auf
beschimpft Marcus: „Du Schwein!"	könnte sich nach Wurf besser fühlen
zornig	ist auch auf den Kassetten
angestrengt	hat nicht als Erster geworfen
Tränen	beschimpft Tyler
Sprechen fast unmöglich	weist Tyler Schuld zu
ballt Faust	kein Unrechtsbewusstsein
macht kehrt	schaut durch Clay hindurch
muss sich beherrschen	blinzelt
kann keinen klaren Gedanken fassen	behauptet nichts getan zu haben
lässt Stein fallen	versteht nicht wieso er auf den Kassetten
könnte Marcus schlagen	vorkommt
faucht Marcus an	hat kein Verständnis für Clays Reaktion
ist fassungslos	

4. 1 – f, 2 – i, 3 – a, 4 – g, 5 – j, 6 – c, 7 – h, 8 – b, 9 – d, 10 – k, 11 – e

5. f, f, f, w, f, w, w, f, w, w

6. Man kann sich sehr darüber wundern,
   – dass Hannah Tyler mitnimmt, obwohl sie sich von ihm bedrängt und angegriffen fühlt,
   – und dass sie ihm nicht sagt, dass sie über ihn Bescheid weiß.

7. Dass sie ihn nicht zur Rede stellt und ihm keine Vorhaltungen wegen seines Spannens macht, ist verwunderlich. Jetzt hätte sie ihm doch eine Standpauke halten und sich innerlich befreien können.

Literaturseiten
„Tote Mädchen lügen nicht" – Bestell-Nr. 14 197

9   Kassette 3: Seite B

1. Individuelle Gestaltung eines Fragebogens, auch grafisch, unter Einbeziehung des Kapitelinhalts: Haarfarbe, Augenfarbe, Größe, Körperbau, athletisch, muskulös, schmal, Lieblingsmusik, andere Favourites, schüchtern, weltgewandt, extrovertiert, zurückgezogen, beredt, musikalisch, sportlich, liebenswürdig, entgegenkommend, humorvoll, witzig, belesen, reiselustig, usw.

2. Pessimismus: Angst vor dem, was kommen wird und kleinlaut verschwinden.
Optimismus: Alles lassen, wie es ist und das Beste hoffen.
Dummheit: Alles so laufen lassen, obwohl sie eigentlich weiß, dass es nicht gut gehen kann.

3. Sie wollte, dass die Leute ihr vertrauen – trotz der Dinge, die sie über sie gehört hatten. Und sie wollte, dass sie sie richtig kennenlernen, statt irgendwelchen Gerüchten über sie zu glauben.

4. <u>Reihenfolge:</u> wartet, bestellt, wartet, grübelt, M kommt, Nische, Knie, H flüstert, bewegungslos, Fingerspitzen, fragt, Rücken, Oberschenkel, abwehren, befreien, wegstoßen, fordert, Angst, Stoß, Fall, Abgang, Schimpfwort

5. **a)** Einige Leute sahen in unsere Richtung, wandten aber sofort ihre Köpfe ab.
Alle schauten weg.
Niemand fragte, ob ich ein Problem hätte.
Waren sie so höflich, dass sie sich nicht einmischen wollten?
Die Leute wussten, dass irgendwas in unserer Nische vor sich ging, hatten aber keine Lust sich darum zu kümmern.

   b) Das Verhalten der Gäste: inakzeptabel, Interesselosigkeit, zur Hilfe verpflichtet, zumindest den Besitzer aufmerksam machen, Feigheit, etc.

   c) Teilnahmslosigkeit ist ein Fehler. Besonders von Mädchen sollten hier Lösungsvorschläge kommen, wie: Mit noch einer Person darauf zu gehen, laut werden, andere aufmerksam machen, Hilfe anrufen etc.

6. Individuelle Lösungen.

7. z. B.:   Make-up? – Du bist auch so attraktiv/schön
Schminktipps? – Für mich hast du ganz natürlich ausgesehen.
Fragebogen? – Dann wären wir vielleicht auf unseren Listen zusammengekommen.
Ich als Holden C. – Du warst leider nicht dabei.
Ehrlichkeit – Dann wären wir wirklich zusammengekommen.
Gespräch – Ich will mit dir nicht nur über belangloses, kindisches Zeug reden.
Hannas Name und Tel. – Wenn das doch so gewesen wäre. Hätte ich doch angerufen!
Abschiedsparty – Eigentlich bin ich in sie verliebt.
Kino – Ich wollte ihr nahe sein.
Interesse – Ich wollte nur sie sehen.
Trick – Ich bin richtig verliebt in sie.
Marcus – Ich bin total eifersüchtig auf ihn.
Jennys Reaktion – Ich trauere so sehr um Hannah.
Bauch – Ich kann es nicht ertragen Hannah nicht helfen zu können.
Gewalt – Ich bin so wütend.
Chance – Ich bin so doof gewesen!
Hilfe – Leider hast du meine Hilfe nicht gewollt. Gemeinsam hätten wir es geschafft.

8. **Songtext:** Hannah beschloss sich zu töten. Sie wollte herausfinden, wie die Leute reagieren, wenn sie nie mehr wiederkommt. **Bedeutung für Clay:** Clay hatte die Chance Hannah näherzukommen nicht genutzt. Er hasst, was sie getan hat. Er lauscht jemandem, der resigniert hat, den er mochte. Aber es ist zu spät.

10   Kassette 4: Seite A

1. Kommunikation über alle lebenspraktischen Themen. Eine mögliche Differenzierung ist individuell wünschenswert.

3. ab S. 157: Sie blieb einfach in der Nische sitzen. Sie starrte in ihr leeres Milchshakeglas. Sie tat so als würde sie Zach nicht sehen. Sie war einem Zusammenbruch nahe. Sie saß bewegungslos da und dachte nach. Ihr Herz drohte zu zerspringen. Sie berührte den Fuß ihres Glases. Sie zwang sich zu einem Nicken. Ihr Blick war starr auf das Glas gerichtet. Sie glaubte den Verstand zu verlieren. Sie konnte nicht reden. Sie antwortete nicht. Ihr gingen die schlimmsten Gedanken durch den Kopf. Als Zach weg war, erwachte sie aus ihrer Trance. Sie belauschte Zach und seine Freunde kurz. Sie brauchte eine Veränderung. Sie ließ sich die Haare abschneiden.

Literaturseiten „Tote Mädchen lügen nicht" – Bestell-Nr. 14 197

KOHL VERLAG

4. Hannah war aufs Schwerste enttäuscht. Sie konnte nicht glauben, dass Marcus so hinterhältig, gemein und aufdringlich gewesen war und sie aus enttäuschter Eitelkeit noch lautstark beleidigt hatte.

5. Zach setzte sich zu Hannah. Er glotzte sie unentwegt an. Er räusperte sich unüberhörbar. Er fragte sie, ob sie okay wäre. Er sagte, sie täte ihm leid. Er wollte wahrscheinlich bei ihr landen. Vielleicht hatte er mit seinen Freunden eine Wette abgeschlossen. Er fragte, ob sie einen weiteren Milchshake wollte. Zach begriff, dass er nichts aus ihr herauskriegen würde. Er ging zu seinen Freunden zurück. Er hat sich von ihnen aufziehen lassen. Er beschloss, sich auf kindischste Weise an ihr zu rächen.

6. Nur dir habe ich mich geöffnet, Zach. Du hast gewusst, dass ich Mrs Bradley diesen Zettel geschrieben habe. Du musst es gewusst haben. Einen Tag nachdem ich dich erwischt habe, hat sie ihn gelesen. Einen Tag, nachdem ich den Zusammenbruch auf dem Flur hatte.

7. Es ist schwierig, jemandem zu helfen, solange man nicht weiß, warum er sich umbringen will. Wenn er einsam ist, könnten wir uns beim Lunch zu ihm setzen. Wenn`s an den Noten liegt, könnten wir ihm Nachhilfe geben. Wenn es Schwierigkeiten zu Hause gibt, könnten wir irgendwie vermitteln. Mir scheint, dass die Person sich nur wichtigmachen will. Wenn sie es ernst meinte, dann würde sie auch ihren Namen sagen.

8. Hannah wollte eine Veränderung an sich vornehmen, gerade an dem Tag, an dem sie sich mit Marcus im Rosie´s getroffen hatte. Eine Veränderung am Äußeren war das Einzige, worüber sie noch die Kontrolle hatte. Aber so eine äußere Veränderung ist auch eines der häufigsten Warnsignale für einen suizidgefährdeten Menschen.

11   Kassette 4: Seite B

1. Gedanken: Ängste, Enttäuschung, Verwirrung, Wünsche, Trauer, Verletzungen, Träume, Niedergeschlagenheit …

2. **a)** z. B. schön, schwülstig, naiv, langweilig, lachhaft, doof ...; keine Satzzeichen, Verwendung des Konjunktivs, ein Liebesgedicht; gut / schlecht gemacht, zu viel / zu wenig Natur ...
  b) Reorganisation siehe S.176.

3. Der Lärm sind die Gedanken, die Befürchtungen, Ängste, Enttäuschungen, Verwundungen. Sie könnten der Grund für weitere Gedichte und zuletzt für den Selbstmord gewesen sein.

5. Akzeptanz, Mutter, anerkannt, Einverständnis, bestimmter, Junge, übersehen, Mutter, Jungen, sie, selbst, Brief, selbst, zurechtkäme, ignorierte, Junge

6. Hannahs Gedicht reimt sich nicht, jede Strophe hat 8 Zeilen, sie setzt keine Satzzeichen, verarbeitet ihre Gefühle, drückt Einsamkeit aus und deutet Wünsche an.

7. Alle individuellen Lösungsversuche sind akzeptabel.

8. Ryan hat ihr das Gedicht gestohlen, es ohne ihre Erlaubnis in der Schülerzeitung abgedruckt. Er hat das Gedicht und ihre ureigensten Gedanken der Lächerlichkeit preisgegeben. Die anderen haben sich darüber lächerlich gemacht, es zerpflückt und Parodien darauf geschrieben. Und das Schlimmste war, sie konnte sich nach Tylers Fotoangriffen nicht nur zu Hause nicht mehr sicher fühlen, sondern auch in der Schule nicht mehr.

9. Zusammenfassung: individuelle Vorschläge

12   Kassette 5: Seite A

1. Richtige Reihenfolge: Steig ein, Clay! Ist alles in Ordnung? Mach die Tür zu! Wo willst du hin? Keine Sorge. Mach einfach die Tür zu. Kalt draußen. Du bist die neunte Person, der ich folgen musste. Wovon redest du? Vom zweiten Satz der Kassetten. Hannah hat nicht geblufft. Ich habe sie. Oh nein! Ist schon okay. Was hast du da drinnen gehört? Wie meinst du das? Welche Kassette? Es ist okay, Clay! Ganz ehrlich. Welche Kassette? Ryan. Das Gedicht.

Literaturseiten „Tote Mädchen lügen nicht" – Bestell-Nr. 14 197

2. S. 204: Es hätte jede x-beliebige Party sein können ... wäre **einer nicht hier gewesen. Clay Jen-**
sen.

Ich war schließlich nur **wegen dir gekommen.** So vieles, worüber ich **mit dir reden wollte.**

S. 205: Ich konnte es nicht **glauben.** Da standst du plötzlich, wie **aus heiterem Himmel.**

S. 207: Alles, was ich mir erhofft hatte, **wurde Realität.** Und nicht eine Frage **empfand ich als -**
zudringlich. Und ich wollte, dass er mich **kennenlernt.** Ich hatte das Gefühl, dass **du mich**
kennst. Dass du alles verstehst, was **ich dir erzähle.**

S. 208: Wenn wir doch nur früher **miteinander geredet hätten.**

S. 209: Zum ersten Mal fühlte ich mich **einer anderen Person unserer Schule verbunden.** Du
warst genau **richtig.** Dann habe ich dich **geküsst.**

S. 211: Es war wundervoll, als **wir beide auf dem Bett lagen.**

S. 212: Was mich betraf, ich **wollte mehr.**

3.

1	2	3	4	5	6	7	8	9	10	11	12
f	h	j	b	k	c	a	i	l	e	d	g

13 Kassette 5: Seite B

1. Ein paar Küsse, Jessica ist betrunken, Justin nutzt die Situation nicht aus und lässt sie schlafend
zurück. Er wollte wiederkommen und sich um sie kümmern.

2. Nacherzählung mit Hilfe der S 219 bis 221 mit Hilfe dieser Adjektive: absichtlich, total, unbemerkt,
voyeuristisch, sexuell, gewagt, schwerfällig, betrunken, teilnahmslos, einseitig, anständig, bewusst-
los, romantisch

3. Im Zimmer verhält er sich vorbildlich, weil er die Situation nicht ausnutzt und das Mädchen in Ruhe
lässt. Vor der Tür kann er sich nicht gegen seinen Freund durchsetzen, mit dem er auch weiter zusammen sein will.

4. Hannah ist einfach fertig, sie merkt ihren Alkoholkonsum, ihren gestörten Gleichgewichtssinn, wollte
das Zimmer dann verlassen, bemerkte zwei Personen vor der Tür und belauschte ihr Gespräch.
Sie bekam Angst, sank verstört auf die Knie, taumelte zum Schrank, stürzte in den kleinen Raum,
sank zusammen, hatte Angst, das Blut pochte in ihren Ohren, war physisch am Ende.

5. Die zwei Chancen waren Hannah und Justin. Die hätten die Vergewaltigung verhindern können.

6. So wie ihr Zustand war, hätte sich die Situation noch verschlimmern können.

7. Es wäre ein Leichtes jetzt zu sagen „Ich hätte ...“

8. Justin war sich seiner Schuld sicher bewusst. Er saß allein in einem Zimmer, alle Farbe war aus
seinem Gesicht gewichen, es war völlig leer, der Blick stumpf, Schmerz in seinen Augen.

9. immer ein guter Freund, hängen zusammen rum, guter Kumpel, Justin hat Scheuklappen, wenn
es um ihn geht, möchte ihn nicht verlieren

10. Clay ist verstört, Magen dreht sich um, reißt Autotür auf, übergibt sich, Körper gekrümmt, Kopf über
dem Rinnstein, schwitzt, krümmt sich

14 Kassette 6: Seite A

1. a) In der Broschüre der Schule zum Suizid ist das Aufgeben von persönlichem Eigentum ein
Erkennungszeichen dafür, dass die Person selbstmordgefährdet ist.
b) Individuelle Eingeständnisse, die sich auch widersprechen können.

2. Wahrscheinlich nicht, denn ihr Entschluss stand mit der Absicht die Kassetten aufzunehmen fest.

3. Er hat ihn vertrauenswürdig ausgeführt und sicher und raffiniert festgestellt, ob jeder Adressat die
Kassetten auch gelesen hatte.

4. Wort, Fragen, geführt, Gedanken, Blick, Berührung, behutsam, gestützt, Beifahrersitz, angeschnallt,
Steuer, losgefahren

Literaturseiten „Tote Mädchen lügen nicht" – Bestell-Nr. 14 197

5. Schlüsselwörter: Regen, Schleier, Vorderrad, Bordsteinkante, Bürgersteig, Holzpfahl, Stoppschild, Bremse, Seitenspiegel, Funken, Windschutzscheibe, Wischerblätter;
Berichterstellung mit Textstellen auf S. 238/239.

6. a)

Hannah	Jenny
	Verdammte **Scheiße!**
Zieh den **Zündschlüssel wieder heraus!** Du kannst doch **so nicht weiterfahren.**	
	Hannah, ich bin nicht **betrunken!**
Das kann ja sein, aber warum konntest du **dann den Wagen nicht auf der Fahrbahn halten?**	
	Es **regnet.**
Ja, natürlich **regnet es.** Aber lass` den **Wagen trotzdem stehen.**	
	Bleib ganz **ruhig!** Wir wohnen doch **hier ganz in der Nähe.** Was soll schon **passieren?**
	Mach dir keine **Sorgen, Hannah!** Auf Stoppschilder achtet **doch sowieso niemand.** Alle fahren **einfach weiter.** Und jetzt ist das an **dieser Stelle sogar legal.** Die Leute werden mir **dankbar sein.**
Lass das Auto bitte **irgendwo stehen.** Andere Partygänger können uns **sicher nach Hause bringen.** Gleich morgen früh werde ich dich **abholen und zu deinem Auto bringen.**	
	Hör zu, **Hannah!**
Lass ihn **stehen, bitte!**	
	Steig bitte **aus.**
Sei doch froh, dass es nur **ein Verkehrsschild war, das du umgefahren hast.** Stelle dir vor, es wäre **ein Mensch gewesen.** Was soll denn noch passieren, wenn du **weiterfährst!**	
	Steig **aus!**
	Hannah, **steig ... aus!**
Also gut. Darf ich einmal **dein Telefon benutzen?**	
	Warum **denn?**
Wir müssen zumindest jemandem **wegen des kaputten Schilds Bescheid sagen.**	
	Sie können es **zurückverfolgen.** Sie können prüfen, woher **der Anruf kam, Hannah.** Mach die **Tür zu!**
Mach ich **nicht!**	

8. Das fehlende Stoppschild war Ursache für einen weiteren, aber tödlichen Unfall.

9. Individuelle Vorschläge wie Zündschlüssel wegnehmen, sich vor das Auto stellen, um Hilfe rufen, Polizei schnellstens verständigen ...

15 Kassette 6: Seite B

1. Individuelle Vorschläge auf Grund der Seiten 250 – 252.

2. Durch diese individuellen Antworten wird die Gewichtung der Ereignisse bei den einzelnen Schülern sichtbar.

Literaturseiten „Tote Mädchen lügen nicht" – Bestell-Nr. 14 197

3.   Jeder kennt Bryce´ Masche. Ihre Kiefer verhärteten sich. Sie presste den Mund zusammen, hatte Tränen in den Augen, gab Widerstand auf, wusste genau, was sie tat. Sie hat sich nie von ihm angezogen gefühlt, hat sich geekelt. Sie hat ihn benutzt, den Kopf abgewandt, die Zähne zusammengebissen, mit den Tränen gekämpft.

4.   … dass deine Welt zusammenbricht, … deinen Untergang beschleunigen

5.   Clay: Magen zieht sich zusammen, will sich übergeben, nicht mehr denken, will sich erinnern können, wollte nicht wieder abgewiesen werden, erinnert sich, will eigentlich Hannahs Erlebnis nicht weiter hören, verletzt sich, schlägt um sich, hasst, ist wütend ...

16   Kassette 7: Seite A

1.   freundlich, geht es dir, ein Glas Wasser, kann ich für dich tun, möchtest du reden, Problem, Hannah, alle Zeit der Welt, alles auf einmal erzählen, du dich gerade fühlst, du keine Freunde hast, den man sich wenden kann, du gekommen bist, wirklich froh, dass du zu mir gekommen bist, Packung Taschentücher nur für dich allein – und unbenutzt

2.   Die richtige Reihenfolge der Aussagen:
Ich gehe den Flur hinunter. Seine Tür bleibt geschlossen. Er kommt mir nicht hinterher. Er hat mich gehen lassen. Niemand springt mir zur Seite. Jetzt weiß ich Bescheid. Es tut mir leid.

3.   Die Hoffnung **stirbt zuletzt**! Noch ein Fünkchen **Hoffnung haben**!
z.B.: Nichts hält die wahre Hoffnung auf. Sie fliegt mit Schwalbenflügeln. (Shakespeare)
Der Mensch ist auf Hoffnung gebaut und er hat eigentlich keinen anderen Besitz als die Hoffnung. Unsere Wohnung hier heißt: die Stätte der Hoffnung. (Carlyle)
Es ist die Hoffnung, die den schiffbrüchigen Matrosen mitten im Meer veranlasst, mit seinen Armen zu rudern, obwohl kein Land in Sicht ist. (Ovid)
Wir hoffen immer, und in allen Dingen ist besser hoffen als verzweifeln. (Goethe)
Die Hoffnung hilft uns leben. (Goethe)
Hoffnung gießt in Sturmnacht Morgenröte! (Goethe)

4.   Zukunft, an sie denken, von uns, die Lippen kommen, verzeihen, umgebracht, Schuld daran, ihr geholfen, zugelassen hätte, geholfen, wollte, lebt

5.   Individuelle kreative Textproduktion.

17   Kassette 7: Seite B

1.   Individuelle Beistiftskizzen

18   Einen Tag später

1.   Individueller Cluster mit Begriffen aus dem Kapitel z.B. Zusammenbruch, Postamt, Schuhkarton, Stuhl, Spind, Atmung...

2.   Individuelle Texte

Literaturseiten
„Tote Mädchen lügen nicht"   –   Bestell-Nr. 14 197

19 Dreizehn Gründe für Hannahs Selbstmord

1. Die Beteiligten:

   1. **Justin Foley**: Hannas erster Kuss; er aber behauptet, es sei mehr geschehen. Ein Gerücht entsteht. Hannah meint, dass dadurch für sie ein schlechter Ruf entstand.

   2. **Alex Standall** erstellt eine „Hot-or-Not"-Liste, auf der er Hannah den heißesten Hintern des Jahrgangs zugesteht. Belästigungen bleiben nicht aus..

   3. **Jessica Davis**: Nach zuerst freundschaftlichen Beziehungen zwischen Hannah und Jessica wird diese wegen Alex` Liste eifersüchtig, weil sie selbst schlecht dabei wegkommt. Die Freundschaft zerbricht.

   4. **Tyler Down**: Tyler ist ein Spanner, beobachtet Hannah durch ihr Fenster und schießt Fotos, wodurch Hannah beunruhigt ist, weil sie sich nicht einmal mehr zu Hause sicher fühlen kann.

   5. **Courtney Crimsen**: Hannah glaubt an eine Freundschaft zwischen Courtney und ihr. Sie wird von Courtney aber nur ausgenutzt, außerdem verbreitet sie Gerüchte über Hannah.

   6. **Marcus Cooley** wollte ein Date mit ihr, nicht aber aus Zuneigung, sondern lediglich um in körperlichen Kontakt mit ihr zu kommen.

   7. **Zach Dempsey**: Zach hintergeht Hannah, denn er stiehlt Zettelchen mit Lob und Komplimenten aus Hannahs Papiertüte.

   8. **Ryan Shaver**: Hannah tauscht mit ihm einige ihrer Gedichte aus, die sie gemeinsam besprechen. Dann veröffentlicht er aber eines ihrer Gedichte anonym in der Schülerzeitung. Andere Schüler machen sich über ihr Gedicht lustig.

   9. **Clay Jensen**: Auf einer Party findet eine sehr gute Unterhaltung zwischen beiden statt, sie küssen sich, doch dann stößt Hannah ihn von sich. Danach gehen sie sich aus dem Weg. Auf den Kassetten will sie ihm mitteilen, dass ihr ihr Verhalten leid tut, und ihm Gründe dafür näher bringen.

   10. **Hannah** wird Zeugin, wie Bryce Walker Jessica bei einer Party vergewaltigt. Betrunken versteckt sie sich, greift nicht ein. Danach fühlt sie sich für die Vergewaltigung mitverantwortlich, weil sie dies hätte verhindern können.

   11. **Jenny Kurtz** will Hannah von der Party nach Hause bringen, fährt dabei ein Stoppschild um, meldet den Schaden aber nicht. Weil das Schild fehlt, hat ein Schüler der Highschool später einen tödlichen Unfall. Hannah fühlt sich am Tod des Verunglückten mitschuldig, weil es ihr nicht gelang, Jenny vom Weiterfahren abzuhalten.

   12. **Bryce Walker** belästigt Hannah sexuell, was ihre Suizidgedanken noch verstärkt.

   13. **Mr Porter**: Hannah erzählt Mr Porter von ihren Suizidplänen. Er aber geht nicht wirklich darauf ein und versucht sie auch nicht davon abzuhalten.

Bestell-Nr. 14 197

Literaturseiten
„Tote Mädchen lügen nicht"

KOHL VERLAG

Liebe Eltern,

Ihre Tochter, Ihr Sohn liest zurzeit das Buch

Tote Mädchen lügen nicht.

Der Titel sagt schon aus, dass der Inhalt einen problematischen Bereich im Leben von Jugendlichen anspricht.

Das Buch über Hannah Baker ist aber ein faszinierender Teil einer aktuellen modernen Jugendliteratur, die sich mit Problemen in der Welt unserer Jugendlichen beschäftigt. Probleme, die für manche Heranwachsende – oder sogar viele? - Realität sind und der Hilfestellung bedürfen. Insofern dürfen Problembereiche auch nicht aus der Wahrnehmung ausgeblendet werden und müssen auch im Unterricht eine Rolle spielen.

Hannah, der Hauptperson im Buch, wird übel mitgespielt. Sie sieht sich mit Problemen konfrontiert, die sie immer weiter in einen Strudel der Enttäuschung, Verzweiflung, des Verzagens und der Aufgabe ziehen. Aber ihre Geschichte ist auch ein Fingerzeig, wie Menschen im Miteinander, in Hoffnung und Hilfe Schlimmes vermeiden können.

Eine Geschichte mit vielen Emotionen, Beziehungen und Entscheidungen, wie sie sehr viele Jugendliche erleben. Eine Geschichte, an deren Ende aber ganz stark das Prinzip Hoffnung angesiedelt sein sollte. Denn es ist eine Möglichkeit, unserer Jugend Hilfestellung zu geben. Lassen Sie also Ihr Kind auch zu Hause bei der Lektüre nicht allein, lesen Sie das Buch selbst und sprechen Sie darüber in der Familie.

Scheuen Sie sich nicht, die Probleme Mobbing und letzlich auch Selbstmordabsichten zu thematisieren. Besprechen Sie zusammen Gründe, eigene Befindlichkeiten und Hilfsmöglichkeiten an Hannahs Beispiel. Wenn Sie diesbezüglich Hilfe und Beistand brauchen, wenden Sie sich vertrauensvoll an geeignete Experten (Lehrkräfte, Religionspädagogen, Schulpsychologen, Beratungslehrkräfte u.a.).

Ja - und zeigen Sie Ihrem Kind auf, dass es Vertrauen zu Ihnen haben kann.

Alles Gute!

Literaturseiten
„Tote Mädchen lügen nicht" – Bestell-Nr. 14 197

KOHL VERLAG

Bildnachweis

auf allen Seiten: © cbt-Verlag

Seite 7: © Michaklootwijk - Fotolia.com;

Seite 8: © designer_an - Fotolia.com;

Seite 9: © Syda Productions - Fotolia.com;

Seite 11: © zarian - Fotolia.com;

Seite 12: © clipart.com, © Syda Productions - Fotolia.com;

Seite 13: © atScene - Fotolia.com;

Seite 18: © Syda Productions - Fotolia.com;

Seite 19: © Sergey Toropov - Fotolia.com,© Syda Productions - Fotolia.com;

Seite 20: © masterzphotofo - Fotolia.com,

Seite 21: © Syda Productions - Fotolia.com;

Seite 22: © Marie-Therese GUIHAL - Fotolia.com;

Seite 24: © semnov - Fotolia.com, © Syda Productions - Fotolia.com;

Seite 25: © atScene - Fotolia.com, © laboko - Fotolia.com;

Seite 26: © puhhha - Fotolia.com;

Seite 27: © mysontuna - Fotolia.com;

Seite 28: © Syda Productions - Fotolia.com;

Seite 29: © clipart.com (2x), © Photographee.eu - Fotolia.com;

Seite 30: © eleveen007 - Fotolia.com;

Seite 31: © determined - Fotolia.com, © Syda Productions - Fotolia.com;

Seite 33: © eleveen007 - Fotolia.com;

Seite 35: © kaktus2536 - Fotolia.com, © Antonioguillem - Fotolia.com, © Syda Productions - Fotolia.com;

Seite 36: © Syda Productions - Fotolia.com;

Seite 37: © vadymvdrobot - Fotolia.com;

Seite 38: © eleveen007 - Fotolia.com;

Seite 39: © clipart.com, © Nelos - Fotolia.com, © Syda Productions - Fotolia.com;

Seite 41: © clipart.com;

Seite 42: © Antonioguillem - Fotolia.com;

Seite 43: © Thomas Jansa - Fotolia.com, © Syda Productions - Fotolia.com;

Seite 44: © Antonioguillem - Fotolia.com;

Seite 46: © Photographee.eu - Fotolia.com;

Seite 47: © katerina_dav - Fotolia.com;

Seite 48: © Jeanette Dietl - Fotolia.com, © Syda Productions - Fotolia.com;

Seite 50: © Sergey Toropov - Fotolia.com, © Syda Productions - Fotolia.com;

Seite 51: © indomercy - Fotolia.com;

Seite 52: © semnov - Fotolia.com, © Marie-Therese GUIHAL - Fotolia.com, © Syda Productions - Fotolia.com;

Seite 54: © clipart.com (2x);

Seite 55: © Trueffelpix - Fotolia.com, © Syda Productions - Fotolia.com;

Seite 57: © Jonathan Stutz - Fotolia.com, © Syda Productions - Fotolia.com;

Seite 58: © Mita Stock Images - Fotolia.com;

Seite 59: © Syda Productions - Fotolia.com;

Seite 60: © Syda Productions - Fotolia.com;

Seite 61: © clipart.com, © eleveen007 - Fotolia.com, © Syda Productions - Fotolia.com;

Seite 63: © Syda Productions - Fotolia.com, © picsfive - Fotolia.com;

Seite 66: © Nelos - Fotolia.com, © semnov - Fotolia.com, © masterzphotofo - Fotolia.com;

Seite 68: © Syda Productions - Fotolia.com, © svort - Fotolia.com;

Seite 77: © AngelaStolle - Fotolia.com, © XRay - wikimedia.org, © AlexOk - Fotolia.com;

Seite 78: © JPS - Fotolia.com

Literaturseiten „Tote Mädchen lügen nicht" – Bestell-Nr. 14 197

KOHL VERLAG